Socialmente ingannati: l'arte occulta dei social

Svelare i meccanismi nascosti dei social media e proteggere la mente

Di Riccardo Belmonte

Capitolo 1.1

"Evoluzione storica dei social media"

L'ascesa dei social media non è un fenomeno recente, ma piuttosto l'apice di un lungo viaggio di evoluzione tecnologica e sociale. Per comprendere appieno l'entità del loro impatto, è fondamentale esaminare le loro radici storiche.

Prima dell'avvento di Internet e dei dispositivi digitali, la comunicazione sociale si basava principalmente su mezzi di comunicazione tradizionali come lettere, telegrammi e, successivamente, telefoni. Tuttavia, con l'avvento della rete, sono nate nuove opportunità per connettere le persone in modi fino ad allora inimmaginabili. A partire dai primi servizi di posta elettronica agli anni '70, passando per i forum online e le chat room degli anni '90, l'idea di "rete" ha iniziato a prendere piede.

Un altro elemento fondamentale in questa evoluzione è stato l'avvento dei blog nei primi anni 2000. Queste piattaforme permettevano a chiunque avesse una connessione internet di condividere pensieri, storie e opinioni con un pubblico potenzialmente globale. La democratizzazione della comunicazione online era in corso.

Mentre i blog segnarono l'inizio della creazione di contenuti da parte degli utenti, furono le piattaforme come Friendster e MySpace a gettare le basi per i social media come li conosciamo oggi. Questi siti non solo permettevano agli utenti di condividere contenuti, ma anche di creare reti di amicizie, stabilendo così la base per la natura "sociale" dei media online.

Poi, nel 2004, arrivò Facebook. Inizialmente concepito come uno strumento per gli studenti universitari, divenne rapidamente un fenomeno mondiale, cambiando per sempre il panorama dei social media. Ciò che ha reso Facebook – e successivamente piattaforme come Twitter, Instagram e Snapchat – così rivoluzionario, è stata la combinazione di condivisione di contenuti con interazioni sociali, il tutto su una piattaforma facilmente accessibile e intuitiva.

Queste piattaforme hanno ridefinito il concetto di "essere sociali". Invece di basarsi su interazioni faccia a faccia, le persone hanno iniziato a costruire e mantenere relazioni attraverso schermi. Questa transizione non è stata priva di sfide. Se da un lato ha permesso connessioni globali e l'accesso a una ricchezza di informazioni e idee, dall'altro ha anche portato a nuove forme di dipendenza, confronto e, come esploreremo nei capitoli successivi, manipolazione.

L'evoluzione dei social media è strettamente legata all'evoluzione della tecnologia e della società. La loro storia ci mostra come le persone abbiano sempre cercato modi per connettersi e comunicare, indipendentemente dai mezzi a loro disposizione. E mentre le piattaforme e le tecnologie continueranno a cambiare, il desiderio umano di connessione e condivisione rimarrà costante. Ma con grandi opportunità vengono anche grandi responsabilità, e la nostra sfida è ora capire come navigare in questo paesaggio digitale in continua evoluzione in modo consapevole e sicuro.

Capitolo 1.2

"Gli Ingredienti del Successo: Come i Social Media Catturano la Nostra Attenzione"

Con la crescente diffusione e popolarità dei social media, è emersa una domanda fondamentale: cosa rende queste piattaforme così irresistibili? La risposta risiede in una combinazione di fattori psicologici, progettuali e sociali.

Uno degli ingredienti principali del successo dei social media è il feedback immediato. Pensa alla sensazione che provi quando ricevi una notifica di un "mi piace" o di un nuovo commento. Queste reazioni rapide e positive attivano il sistema di ricompensa del nostro cervello, rilasciando neurotrasmettitori come la dopamina. Questo ci fa sentire bene, incoraggiandoci a tornare e interagire ancora di più sulla piattaforma.

Un altro fattore cruciale è l'effetto di curiosità. Gli algoritmi dei social media sono progettati per mostrarti contenuti che potrebbero interessarti, spesso basandosi sulle tue interazioni passate. Questo crea un ciclo in cui sei costantemente esposto a nuove informazioni e intrattenimento, rendendo la piattaforma un pozzo senza fondo di scoperte. La sensazione che potresti perdere qualcosa di importante o interessante (spesso definita FOMO, o "Fear Of Missing Out") ti spinge a tornare ancora e ancora.

La personalizzazione è un altro aspetto fondamentale. I social media ti permettono di creare un profilo che rappresenti la tua identità online, offrendoti la possibilità di condividere i tuoi pensieri, le tue esperienze e i tuoi interessi. Questa capacità di esprimere te stesso e ricevere feedback sulla tua identità digitale rinforza il tuo legame con la piattaforma.

Inoltre, la natura sociale dei social media è intrinsecamente coinvolgente. L'essere umano è, per natura, un animale sociale. Abbiamo un innato desiderio di connetterci, interagire e costruire relazioni. I social media soddisfano questo bisogno offrendoci un accesso costante alle nostre reti sociali, indipendentemente dalla distanza fisica. La capacità di condividere momenti, celebrare successi e sostenersi a vicenda nelle sfide crea un senso di appartenenza e comunità.

Infine, ma non meno importante, è l'interfaccia intuitiva delle piattaforme. I giganti dei social media investono enormemente nella ricerca e nello sviluppo per garantire che le loro interfacce siano accattivanti, facili da usare e ottimizzate per mantenere gli utenti impegnati il più a lungo possibile.

Mentre questi ingredienti creano un'esperienza utente coinvolgente e gratificante, portano anche a domande sul loro impatto a lungo termine sulla nostra psiche e sul nostro benessere. Se non siamo consapevoli di questi meccanismi, potremmo ritrovarci intrappolati in cicli di uso eccessivo, distratti dalla vita reale e lontani dalle connessioni autentiche. Nelle prossime sezioni, esploreremo ulteriormente le dinamiche dietro la manipolazione delle piattaforme e forniremo strumenti per navigare in modo consapevole nel mondo digitale.

Capitolo 1.3

"I Giganti Digitali: Oltre il Velo del Divertimento"

A prima vista, i social media sembrano piattaforme innocue dedicate all'interazione e alla condivisione. Ma dietro questa facciata si nasconde un complesso sistema di affari e strategie, spesso orientato verso un unico obiettivo: la monetizzazione della tua attenzione.

I giganti digitali, come Facebook, Instagram, Twitter e TikTok, sono aziende con scopo di lucro. Ciò significa che la loro principale preoccupazione non è necessariamente il tuo benessere o la tua formazione, ma piuttosto come possono trarre profitto dalla tua presenza sulla piattaforma. E qui entra in gioco il concetto di "economia dell'attenzione".

L'economia dell'attenzione si basa sull'idea che la nostra attenzione è una risorsa limitata e, quindi, preziosa. In un mondo digitale dove ogni app, sito web e piattaforma concorre per i tuoi secondi, minuti e ore, attirare e mantenere la tua attenzione diventa una priorità. Perché? Perché più tempo trascorri su una piattaforma, più dati puoi fornire, e più opportunità ci sono di mostrarti pubblicità mirate.

Ed è qui che entra in gioco la datificazione. Ogni volta che ti piace un post, guardi un video o condividi un contenuto, stai fornendo dati. Queste informazioni, spesso in combinazione con altri dettagli demografici e comportamentali, aiutano le piattaforme a creare profili utente dettagliati. Questi profili sono poi utilizzati per fornire pubblicità altamente mirate, aumentando la probabilità che tu agisca su di essa, che sia facendo un acquisto, iscrivendoti a un servizio o condividendo ulteriormente il contenuto.

Inoltre, le piattaforme di social media utilizzano sofisticati algoritmi per curare e presentare contenuti specifici nel tuo feed. Questi algoritmi sono progettati per mostrarti ciò che è più probabile ti coinvolga, spingendoti a rimanere sulla piattaforma per periodi più lunghi. E mentre ciò potrebbe sembrare un servizio utente, è anche una strategia per garantire che tu rimanga esposto a più annunci e, di conseguenza, generi più entrate per la piattaforma.

Un altro aspetto da considerare è la creazione di comunità virtuali. Mentre queste comunità possono offrire sostegno, appartenenza e interazione, possono anche diventare camere di eco, dove le persone sono esposte solo a opinioni e informazioni che rafforzano le loro convinzioni preesistenti. Questo può limitare la nostra esposizione a una diversità di pensiero e contribuire a polarizzare ulteriormente le discussioni e le opinioni.

Nonostante la miriade di strategie impiegate per catturare la nostra attenzione, è essenziale ricordare che abbiamo ancora il potere di scegliere come e quando interagire con queste piattaforme. Con una comprensione chiara dei meccanismi dietro le quinte, possiamo avvicinarci ai social media in modo più consapevole, garantendo che rimangano strumenti al nostro servizio, piuttosto che il contrario. Nei capitoli a seguire, analizzeremo in profondità le tattiche di manipolazione e forniremo strumenti per garantire una navigazione online sicura e sana.

Capitolo 1.4

"L'Effetto Dopamina: La Chimica Dietro la Dipendenza"

Se ti sei mai chiesto perché senti il bisogno impellente di controllare i tuoi social media ogni pochi minuti o perché ti senti particolarmente felice quando ricevi un like o un commento, la risposta potrebbe risiedere, in parte, nella chimica del tuo cervello. L'effetto dopamina gioca un ruolo cruciale nella comprensione del nostro rapporto con le piattaforme digitali.

La dopamina è un neurotrasmettitore, una sostanza chimica responsabile della trasmissione di segnali nel cervello. È spesso associata alla sensazione di piacere e ricompensa e ha un ruolo fondamentale in molte funzioni, compresa la motivazione e la ricerca di ricompense. Quando sperimentiamo qualcosa di piacevole o riceviamo una ricompensa, i livelli di dopamina nel cervello aumentano, dandoci una sensazione di euforia e soddisfazione.

Le piattaforme di social media sono coscienti di questo meccanismo e lo sfruttano a loro vantaggio. Quando riceviamo un like, un commento o una condivisione, viene attivato il sistema di ricompensa del nostro cervello, rilasciando dopamina. Questo ci dà una breve euforia, spingendoci a tornare sulla piattaforma in cerca di un altro "colpo" di dopamina. In altre parole, ogni notifica diventa una piccola iniezione di piacere, e iniziamo a cercarla sempre di più, creando un ciclo di dipendenza.

E non è solo una questione di likes e commenti. Il semplice atto di scorrere il feed, alla ricerca del prossimo contenuto interessante o stimolante, può diventare una sorta di "slot machine" digitale. Non sappiamo mai cosa troveremo, e ogni tanto ci imbattiamo in qualcosa che ci colpisce in modo particolare, rilasciando ancora dopamina.

Tuttavia, come con tutte le attività che stimolano il sistema di ricompensa, c'è un lato oscuro. Oltre a creare una dipendenza, questa continua ricerca di stimolazione può portare a una desensibilizzazione. Ciò significa che, nel tempo, potremmo aver bisogno di sempre più stimoli per ottenere lo stesso livello di soddisfazione, spingendoci a trascorrere sempre più tempo online e a cercare interazioni sempre più gratificanti o estreme.

Inoltre, l'assenza di feedback positivo o l'esposizione a feedback negativo può avere effetti contrari. Se la dopamina ci dà una sensazione di piacere, la sua assenza, o la percezione di essere esclusi o non apprezzati, può portare a sentimenti di tristezza, insicurezza e inadeguatezza.

Per comprenderlo in profondità, è fondamentale considerare che non siamo solo spettatori passivi di questo processo. Possiamo decidere consapevolmente come e quando interagire con queste piattaforme e in che misura permettiamo loro di influenzare il nostro benessere. Alcune strategie, come stabilire limiti di tempo, disattivare le notifiche o fare pause regolari dai social media, possono aiutarci a gestire meglio l'effetto dopamina e a mantenere un equilibrio sano tra vita digitale e vita reale. Continuando, esploreremo altre tattiche e metodi per mantenere il controllo del nostro rapporto con il mondo digitale e garantire un'esperienza online equilibrata e soddisfacente.

Capitolo 1.5

"La Personalizzazione Eccessiva: La Doppia Faccia della Moneta Digitale"

In un mondo in cui la quantità di informazioni disponibile è schiacciante, la personalizzazione può sembrare un toccasana. Dopo tutto, chi non vorrebbe avere un'esperienza online su misura, dove i contenuti che appaiono sono perfettamente in linea con i propri interessi? Eppure, questa "comodità" ha un prezzo, e non si tratta solo della rinuncia alla privacy.

Quando apriamo un'app di social media, il contenuto che vediamo non è casuale. Al contrario, è il risultato di algoritmi complessi che analizzano ogni nostra azione, ogni clic, ogni "mi piace", e ogni secondo trascorso a guardare un video o a leggere un post. Questi dati vengono utilizzati per creare un profilo di ciò che ci interessa e, in base a ciò, ci vengono mostrati contenuti specifici.

All'inizio, questo sistema sembra favoloso. Ci sentiamo compresi e valorizzati, circondati da contenuti che rispecchiano i nostri gusti e le nostre passioni. Ma presto, ciò che era un mare di possibilità si trasforma in una pozza stagnante. Ci ritroviamo intrappolati in una "bolla di filtro", dove le informazioni che vediamo sono sempre le stesse, rafforzando le nostre credenze e limitando la nostra esposizione a nuove idee o punti di vista diversi.

Questa personalizzazione eccessiva ha diverse implicazioni. Primo, limita la nostra crescita personale e intellettuale. Se siamo costantemente esposti solo a informazioni e opinioni che rafforzano ciò che già sappiamo o crediamo, perdiamo l'opportunità di sfidare le nostre idee e di apprendere da prospettive diverse. Questo può portare a una mentalità chiusa e a una visione ristretta del mondo.

In secondo luogo, la personalizzazione alimenta la polarizzazione. In un ambiente dove vediamo solo contenuti che rafforzano le nostre opinioni, è facile iniziare a pensare che la nostra visione del mondo sia l'unica valida o accettata. Questo può creare divisioni profonde tra individui o gruppi con opinioni diverse e alimentare l'intolleranza e l'incomprensione.

Inoltre, c'è anche un rischio legato al benessere mentale. Essere continuamente esposti a contenuti che rafforzano le nostre insicurezze, paure o ansie può avere un impatto negativo sulla nostra salute mentale. Ad esempio, se mostriamo un interesse per il dimagrimento, potremmo essere bombardati da immagini di corpi "perfetti", rafforzando sentimenti di inadeguatezza e insoddisfazione.

La soluzione a questo dilemma non è necessariamente abbandonare i social media o le piattaforme digitali. Piuttosto, possiamo prendere provvedimenti attivi per diversificare le nostre fonti di informazione, sfidare consapevolmente gli algoritmi e cercare attivamente contenuti che offrano una prospettiva diversa. È essenziale essere consapevoli del potere che questi algoritmi hanno sulla nostra percezione e prendere in mano le redini della nostra esperienza digitale. Esplorando oltre, potremmo scoprire strategie e tattiche per farlo in modo efficace, assicurandoci che la nostra interazione con il mondo digitale sia arricchente e non limitante.

Capitolo 2.1

"Il Design Addictive: Come le Piattaforme ci Tengono Incollati"

L'arte del design, nella sua essenza, si occupa di creare esperienze. Quando parliamo di design nei social media, ci riferiamo a come queste piattaforme sono progettate per offrire un'esperienza utente ottimale. Tuttavia, c'è una sottile differenza tra un'esperienza piacevole e una che ci rende dipendenti. Questa linea è spesso sfocata nel mondo dei social media.

Uno dei principali obiettivi delle piattaforme digitali è mantenere gli utenti attivi il più a lungo possibile. Questo perché tempo trascorso sulla piattaforma si traduce in maggiore visibilità per gli inserzionisti e, di conseguenza, in maggiori profitti. Come conseguenza, queste piattaforme utilizzano vari trucchi di design per farci rimanere incollati ai nostri schermi.

Prendiamo, ad esempio, il concetto di "scroll infinito". Quando scorriamo la nostra bacheca di notizie su un social media, notiamo che non c'è mai una "fine". I contenuti continuano a apparire, uno dopo l'altro, in un flusso infinito. Questa progettazione elimina un punto naturale in cui potremmo decidere di fermarci, spingendoci a continuare a scorrere in cerca di gratificazione. Si tratta di un ciclo di rinforzo, dove l'attesa del prossimo contenuto interessante ci tiene in attesa, come un giocatore di slot spera nella prossima grande vincita.

Un altro esempio potrebbe essere la "notifica". Il piccolo numero rosso che appare sulle icone delle app o le vibrazioni e suoni che riceviamo quando arriva un nuovo messaggio sono progettati per attirare la nostra attenzione. Questi segnali ci dicono che c'è qualcosa di "nuovo" che aspetta di essere visto, sfruttando la nostra curiosità naturale. Anche se molte volte queste notifiche potrebbero non essere rilevanti o importanti, la loro mera presenza crea un senso di urgenza e necessità di controllare.

Una tecnica meno evidente, ma altrettanto potente, è il "ritardo intenzionale". A volte, quando apriamo un'app di social media, c'è un breve ritardo prima che vengano mostrate le notifiche o i nuovi contenuti. Questo ritardo è simile alla tensione che si prova prima che i rulli di una slot machine si fermino. Crea un senso di anticipazione, rendendo la "ricompensa" (in questo caso, il nuovo contenuto o notifica) ancora più gratificante.

Questi sono solo alcuni esempi delle tattiche di design addictive utilizzate dai social media.

Il loro obiettivo è semplice: tenerti impegnato, indipendentemente dal valore o dalla qualità dell'esperienza.

È importante sottolineare che l'uso responsabile e consapevole dei social media sta alla base di una navigazione sana. Sapere come queste piattaforme giocano con la nostra psicologia può darci il potere di interagire con loro in modo più informato. Piuttosto che permettere a questi design di dettare il nostro comportamento, possiamo prendere decisioni consapevoli su quanto tempo trascorrere online, su quali notifiche permettere e su come vogliamo che la nostra esperienza digitale influenzi la nostra vita quotidiana. Con la giusta consapevolezza, possiamo trasformare queste piattaforme da padroni a semplici strumenti nelle nostre mani.

Capitolo 2.2

"Algoritmi Invisibili: I Custodi delle Nostre Esplorazioni Digitali"

In un mondo ideale, quando ci immergiamo nell'universo dei social media, saremmo noi a decidere cosa vedere, leggere o ascoltare. Ma in realtà, questa scelta è sottilmente influenzata da custodi invisibili: gli algoritmi.

Gli algoritmi sono sequenze di istruzioni utilizzate dai computer per risolvere problemi specifici. Nel contesto dei social media, gli algoritmi determinano il tipo di contenuto che vediamo. Basandosi su vari parametri, come i nostri comportamenti passati, le nostre interazioni e le nostre preferenze dichiarate, questi algoritmi "decidono" quali post, immagini o video mostrarci, in quale ordine e con quale frequenza.

Ma, qual è l'obiettivo principale di questi algoritmi? Principalmente, ottimizzare il nostro coinvolgimento. Vogliono che rimaniamo incollati alle piattaforme il più a lungo possibile, poiché ciò porta a più opportunità di visualizzazione delle pubblicità, generando profitti per le aziende dietro i social media.

Tuttavia, ci sono delle ripercussioni. Una delle più significative è la "camera dell'eco". Dato che gli algoritmi tendono a mostrare contenuti simili a quelli che abbiamo già mostrato interesse, finiamo per vedere una visione del mondo limitata e polarizzata. Questo effetto camera dell'eco rafforza le nostre convinzioni preesistenti e limita la nostra esposizione a prospettive diverse.

Un altro effetto collaterale è la "corsa all'attenzione". Poiché il coinvolgimento è la valuta dei social media, c'è una crescente pressione sui creatori di contenuti per produrre post sempre più sensazionalistici o polarizzanti. Questo può portare a notizie fuorvianti, titoli ad effetto e contenuti progettati unicamente per generare reazioni, piuttosto che informare o educare.

Questi algoritmi influenzano anche la nostra autostima e il nostro senso di realtà. Ad esempio, se un algoritmo nota che interagiamo frequentemente con immagini di persone con fisici perfetti, potrebbe iniziare a mostrarci più contenuti di questo tipo, creando un'illusione che tali standard siano la norma, quando in realtà rappresentano una piccola frazione della realtà.

Conoscere il funzionamento di questi algoritmi ci consente di adottare un approccio più critico alla nostra esperienza digitale. Possiamo iniziare a domandarci: "Sto vedendo questo contenuto perché è veramente rilevante per me o perché un algoritmo ha deciso che dovrebbe essere così?" Questa consapevolezza può aiutarci a diversificare intenzionalmente le nostre fonti di informazione, cercare prospettive alternative e prendere pause regolari dai social media per riconnetterci con il mondo reale.

Inoltre, molte piattaforme offrono ora opzioni per personalizzare o influenzare come funzionano questi algoritmi, anche se in misura limitata. Approfittare di queste funzionalità ci consente di riprendere un certo controllo sulla nostra esperienza digitale.

In sintesi, pur essendo potenti e spesso nascosti alla nostra vista, gli algoritmi non sono infallibili. Sono strumenti, non arbitri assoluti del nostro mondo digitale. Con la giusta conoscenza e intenzionalità, possiamo navigare nel paesaggio digitale con maggiore autonomia e discernimento. E, alla fine, possiamo fare scelte che riflettono i nostri veri interessi e valori, piuttosto che lasciare che le macchine decidano per noi.

Capitolo 2.3

"Persuasion by Design: L'arte di Plasmare le Scelte dell'Utente"

L'interfaccia e il design di un'applicazione o di un sito web non sono scelti a caso. Ogni elemento, dalla disposizione dei pulsanti, ai colori utilizzati, alle notifiche che riceviamo, è progettato con un obiettivo preciso in mente: influenzare il nostro comportamento. Questa arte di plasmare le scelte dell'utente è nota come "design persuasivo".

Iniziamo con un esempio concreto: le notifiche. La maggior parte delle piattaforme social invia notifiche per informarci di nuovi messaggi, like, commenti o altre interazioni. A prima vista, potrebbe sembrare un servizio utente, una comodità. Tuttavia, c'è uno scopo nascosto. Le notifiche sono progettate per riportarci sull'applicazione, creando un'abitudine e stimolando una risposta impulsiva. Questo ciclo continuo di notifiche e risposte rafforza la nostra dipendenza dai social media.

Un altro esempio è il "scroll infinito". Quando scorriamo il feed di molte piattaforme social, non c'è una fine chiara. Il contenuto continua a caricarsi, incoraggiandoci a rimanere e continuare a scorrere, anche se avevamo intenzione di passare solo pochi minuti online. Questa caratteristica sfrutta la nostra tendenza naturale a cercare nuove informazioni, catturando la nostra attenzione per periodi più lunghi di quanto avremmo previsto.

E poi ci sono i colori. Il rosso, ad esempio, è spesso utilizzato per le notifiche poiché attira l'attenzione e stimola l'azione. Molte piattaforme utilizzano il rosso per segnalare notifiche non lette o azioni importanti, sfruttando la nostra reazione psicologica innata a questo colore per incoraggiarci a interagire.

Ma cosa c'è dietro queste decisioni di design? Una disciplina chiamata psicologia del comportamento. Le aziende tecnologiche spesso impiegano esperti in questo campo per comprendere meglio come gli esseri umani prendono decisioni e come possono essere influenzati attraverso il design. L'obiettivo è ottimizzare il design per aumentare l'engagement, il tempo trascorso sull'applicazione e, in ultima analisi, la monetizzazione.

Tuttavia, non tutto il design persuasivo è negativo o manipolativo. Alcune applicazioni utilizzano queste tecniche per incoraggiare comportamenti positivi. Ad esempio, le app per il fitness possono inviare notifiche per ricordarci di muoverci o bere acqua. Le applicazioni di meditazione potrebbero utilizzare suoni calmanti e colori rilassanti per creare un ambiente sereno. La chiave sta nel modo in cui queste tecniche sono utilizzate e per quali scopi.

Per navigare in modo consapevole nel paesaggio digitale, è essenziale riconoscere questi trucchi di design. Ogni volta che notiamo un elemento che sembra progettato per catturare la nostra attenzione, dobbiamo chiederci: "Questo serve davvero al mio interesse o è solo un trucco per farmi trascorrere più tempo qui?" Questa consapevolezza ci aiuta a prendere decisioni più informate e consapevoli riguardo al modo in cui interagiamo con la tecnologia.

In conclusione, il design persuasivo è un potente strumento in mano alle aziende tecnologiche. Ma con la giusta consapevolezza e critica, possiamo evitare di cadere nelle sue trappole e utilizzare la tecnologia in modo che serva veramente i nostri interessi e obiettivi.

Capitolo 2.4

"Effetto Bolla: L'Isolamento nell'Ecosistema dei Social"

Se pensiamo al vasto mondo di Internet come a un oceano infinito di informazioni, i social media sono come isole, ognuna con la sua atmosfera, cultura e regole. Ma mentre queste isole possono offrire una sensazione di comunità e appartenenza, possono anche creare delle bolle, all'interno delle quali le informazioni e le opinioni vengono filtrate e amplificate in modi specifici.

L'effetto bolla, o "bolla di filtraggio", si verifica quando ci esponiamo solo a informazioni e opinioni che rafforzano le nostre credenze esistenti, mentre filtriamo e ignoriamo quelle che le contrastano. Questo fenomeno non è nuovo e si è verificato per generazioni attraverso i media tradizionali. Tuttavia, con l'avvento dei social media e degli algoritmi personalizzati, l'effetto bolla ha acquisito una nuova dimensione.

Gli algoritmi dei social media sono progettati per massimizzare l'engagement degli utenti, mostrando contenuti che sono più probabili piacciano o interessino all'utente. Ma come fanno a sapere ciò che ci piacerà?

Osservando e analizzando le nostre interazioni precedenti: i post che abbiamo messo mi piace, condiviso, commentato e così via. Questi algoritmi, quindi, tendono a mostrare più di ciò che ci piace e meno di ciò che potrebbe contraddire o sfidare le nostre opinioni.

Ma quali sono le implicazioni di vivere all'interno di queste bolle?

Innanzitutto, c'è il rischio di polarizzazione. Quando le persone vengono esposte solo a un tipo di informazione o a una sola prospettiva, le loro opinioni possono diventare più estreme. La mancanza di esposizione a diverse opinioni o fatti può portare a una visione ristretta del mondo, rendendo più difficile la comprensione e l'empatia verso chi ha opinioni diverse.

Un altro rischio è la diffusione di false informazioni. All'interno di una bolla, le informazioni false o fuorvianti possono diffondersi rapidamente e diventare accettate come verità, semplicemente perché non vengono contrastate o sfidate. Questo può avere gravi ripercussioni, specialmente quando si tratta di argomenti importanti come la salute o la politica.

Inoltre, l'effetto bolla può contribuire a una sensazione di isolamento. Anche se siamo più connessi che mai grazie alla tecnologia, l'essere chiusi in una bolla può farci sentire separati da altre comunità e culture, limitando la nostra comprensione e apprezzamento della diversità del mondo.

Come possiamo allora sfuggire a queste bolle?

È essenziale diversificare le nostre fonti di informazione. Questo può includere la seguente attività online su diverse piattaforme, l'ascolto di voci diverse e la ricerca attiva di prospettive diverse dalle nostre. Può anche essere utile periodicamente esaminare e regolare le nostre impostazioni di privacy e personalizzazione sui social media, per avere un maggiore controllo su ciò che vediamo.

Ma forse, più importante di tutto, è essenziale mantenere una mentalità aperta e critica. Dobbiamo essere consapevoli del fatto che gli algoritmi non offrono sempre una visione completa e imparziale del mondo. Chiediamoci regolarmente: "Sto ricevendo una visione equilibrata del mondo? Ci sono voci o prospettive che sto ignorando?"

Riconoscendo l'esistenza delle bolle e facendo uno sforzo attivo per uscire da esse, possiamo sfruttare i vantaggi dei social media mantenendo al contempo una comprensione equilibrata e informata del mondo intorno a noi.

Capitolo 2.5

"Il "Dopamina Loop": Quando i Like Diventano una Dipendenza"

Il progresso della tecnologia digitale ha apportato enormi benefici alla società, ma ha anche portato con sé sfide e problematiche non previste. Una delle scoperte più inquietanti legate all'uso dei social media è il cosiddetto "Dopamina Loop". Ma cosa significa esattamente e come ci influisce?

La dopamina è un neurotrasmettitore che gioca un ruolo chiave nel sistema di ricompensa del nostro cervello. È spesso associata al piacere, ma in realtà la sua funzione principale è di motivarci a compiere azioni che il cervello ritiene gratificanti. Quando aspettiamo qualcosa di desiderabile o gratificante, come cibo o elogi, il nostro cervello rilascia dopamina.

I social media, con i loro like, condivisioni e commenti, sono diventati maestri nel creare un flusso costante di stimoli dopaminergici. Ogni volta che riceviamo una notifica, il nostro cervello rilascia una piccola quantità di dopamina, spingendoci a controllare il telefono. E una volta che iniziamo a scorrere, gli algoritmi dei social media ci mostrano contenuti accuratamente selezionati per mantenerci impegnati, innescando ulteriori rilasci di dopamina.

Tuttavia, non è la mera presenza di notifiche che ci rende suscettibili a questo ciclo; è la loro natura imprevedibile. L'incertezza circa quando riceveremo il prossimo like o commento ci tiene ancorati, in uno stato di attesa e aspettativa costante. Questo meccanismo è simile a quello di una slot machine: l'incertezza della ricompensa ci spinge a continuare a giocare, sperando nella prossima grande vincita.

Ecco, quindi, che si crea un loop: controlliamo i nostri dispositivi sperando in una ricompensa, riceviamo una dose di dopamina quando la otteniamo, e poi torniamo a controllare ancora, alimentati dalla ricerca del prossimo "hit" dopaminergico. Questo ciclo può diventare così potente da farci perdere la cognizione del tempo e trascorrere ore sui social media senza nemmeno rendercene conto.

Questo non solo riduce la nostra produttività e il nostro tempo per altre attività significative, ma può anche avere un impatto sulla nostra salute mentale. La continua ricerca di gratificazione immediata può ridurre la nostra capacità di concentrarci, diminuire la nostra soddisfazione generale e persino portare a sentimenti di ansia e depressione.

E sebbene la dipendenza dai social media non sia riconosciuta come una vera e propria "dipendenza" nel senso medico tradizionale, i comportamenti e le sensazioni associate possono essere molto simili a quelli di altre dipendenze.

Per combattere questo ciclo, è essenziale riconoscere i propri comportamenti e prendere misure per interrompere il loop. Alcune strategie potrebbero includere:

Limitare le notifiche: disattivare le notifiche non essenziali può ridurre la frequenza con cui veniamo attirati nel loop dopaminergico.

Pianificare momenti specifici per controllare i social media invece di controllare costantemente, riservare momenti specifici della giornata può aiutare a ridurre l'uso compulsivo.

Tecnologia mindful: ci sono app e strumenti progettati per aiutare a monitorare e limitare l'uso dei social media.

Sostituire l'abitudine: quando si avverte l'impulso di controllare il telefono, fare una breve pausa, fare una camminata, leggere o fare una breve attività mindfulness può aiutare a spezzare il ciclo.

Ricordiamoci che i social media sono strumenti, e come ogni strumento, possono essere utilizzati in modo sano o meno sano. Essere consapevoli delle proprie abitudini e comprenderne gli effetti è il primo passo verso un uso più equilibrato e consapevole della tecnologia nella nostra vita quotidiana.

Capitolo 3.1

"Filtri e Realità: La Distorsione della Nostra Immagine Pubblica"

In un mondo in cui l'immagine ha acquisito un valore predominante, non sorprende che molte persone ricorrano a strumenti digitali per migliorare o alterare la propria immagine sui social media. Filtri, modifiche e altre tecniche di ritocco fotografico sono diventati parte integrante della nostra cultura online. Ma quale impatto ha questa continua "perfezione" sulla nostra percezione di noi stessi e degli altri?

Quando parliamo di "filtri", ci riferiamo non solo a quelli che migliorano luminosità e contrasto, ma anche a quelli che possono trasformare completamente un viso, eliminando imperfezioni, modificando le proporzioni e addirittura cambiando la struttura ossea. È quasi come indossare una maschera digitale, una versione ideale e spesso irrealistica di noi stessi.

Queste modifiche, se usate con moderazione, possono sembrare innocue e persino divertenti. Tuttavia, l'uso eccessivo e costante può portare a una distorsione tra la realtà e ciò che viene presentato online. In particolare, ci sono tre principali aree di preoccupazione:

Distorsione dell'autopercezione: vedersi continuamente attraverso un filtro può alterare la propria autopercezione. Se si diventa dipendenti dall'uso di filtri, si può iniziare a vedere la propria immagine "filtrata" come norma, portando a insicurezze e insoddisfazione per il proprio aspetto naturale. In alcuni casi, le persone possono persino cercare interventi estetici per avvicinarsi all'immagine filtrata.

Aspettative irrealistiche: Presentando solo versioni filtrate di noi stessi, contribuiamo alla creazione di standard di bellezza irraggiungibili. Questo può portare gli altri a sentirsi inadeguati confrontandosi con queste immagini "perfette". È un ciclo vizioso in cui la perfezione viene costantemente ricercata ma raramente raggiunta, poiché le aspettative continuano a crescere.

Autenticità e relazioni genuine: Essere autentici significa mostrarsi per ciò che si è, con pregi e difetti. Continuamente nascondersi dietro un filtro può interferire con la capacità di formare relazioni autentiche e significative. Gli altri potrebbero iniziare a chiedersi se conoscono la "vera" persona o semplicemente una versione digitale.

Se da un lato è importante sentirsi sicuri e contenti di come ci si presenta online, è altrettanto fondamentale riconoscere e valorizzare la propria bellezza naturale e autenticità. Alcuni passi verso una rappresentazione più autentica potrebbero includere:

Uso consapevole dei filtri: Questo non significa eliminarli del tutto, ma piuttosto usarli con moderazione e riconoscere quando e perché si sceglie di utilizzarli.

Condivisione di momenti reali: Mostrare non solo i momenti "perfetti" ma anche quelli imperfetti e reali può aiutare a colmare il divario tra la realtà e l'online, offrendo una visione più completa e onesta di noi stessi.

Educare e discutere: Parlarne con amici e familiari, condividere esperienze e sensazioni legate all'uso di filtri può aiutare a creare consapevolezza e sostenere gli altri che potrebbero sentirsi sotto pressione per conformarsi a standard irrealistici.

La tecnologia offre strumenti incredibili per esprimersi e connettersi con gli altri. Tuttavia, è essenziale ricordare che la vera connessione deriva dalla genuinità e dalla comprensione reciproca. Abbracciare la propria autenticità e riconoscere il valore della realtà può portare a una presenza online più sana e a relazioni più profonde e significative.

Capitolo 3.2

"Interazione Sociale: Dai Likes all'Empatia Profonda"

Viviamo in un'epoca in cui le interazioni virtuali superano spesso quelle faccia a faccia, e la quantità di 'likes' su una foto può influenzare direttamente l'autostima di una persona. Mentre i social media offrono opportunità senza precedenti di connessione e condivisione, c'è un lato oscuro in questa nuova era delle interazioni umane. Ma come si trasforma un 'like' in empatia profonda? E come possiamo garantire che la tecnologia rafforzi piuttosto che diminuisca le nostre connessioni umane?

Per comprendere l'evoluzione delle interazioni sociali nell'era digitale, è utile esaminare il concetto di 'like'. Alla sua essenza, un 'like' è un'approvazione rapida e senza impegno. È una reazione istantanea, spesso automatica, a un contenuto. Ma può un 'like' rappresentare una connessione autentica? Mentre può servire come riconoscimento o apprezzamento, spesso manca di profondità e comprensione.

L'empatia, d'altra parte, richiede uno sforzo ben più grande. L'empatia implica comprensione, connessione e, soprattutto, l'abilità di mettersi nei panni dell'altro. Non è qualcosa che può essere espresso con un semplice clic su un pulsante. È un processo emotivo che coinvolge ascolto, comprensione e risposta autentica.

Ecco alcuni modi per spostarci dai 'likes' superficiali all'empatia profonda nell'era dei social media: praticare l'ascolto attivo, anziché scorrere rapidamente. Quando leggiamo, dobbiamo ascoltare veramente ciò che gli altri condividono, per creare connessioni profonde e significative. La comunicazione autentica è essenziale: esprimiamoci in parole, non solo con emoji o risposte predefinite. Un commento sincero ha un valore incommensurabile rispetto a un 'like'. Consideriamo di limitare la quantità di persone o pagine che seguiamo; così, possiamo concentrarci su relazioni autentiche e profonde. Prendiamoci delle pause dallo schermo; passare meno tempo online può inaspettatamente elevare la qualità delle nostre interazioni virtuali. Diamo spazio alla riflessione personale e alle connessioni reali. Educhiamoci all'empatia: investire in questo aspetto arricchisce le interazioni, sia virtuali che reali. Molte risorse possono guidarci in questo percorso. Infine, ricordiamoci che, nonostante l'evoluzione della tecnologia, l'essenza delle relazioni umane è immutabile. La nostra unicità risiede nella capacità di connetterci profondamente. 'Likes' e reazioni veloci possono avere un ruolo, ma non possono sostituire l'empatia e la comprensione genuina. Concentriamoci sulla connessione autentica, assicurandoci che la tecnologia ci avvicini anziché dividerci.

Capitolo 3.3

"L'Importanza dell'Auto-riflessione nell'Era Digitale"

L'era digitale ha rivoluzionato il modo in cui viviamo, lavoriamo e interagiamo. Con la costante stimolazione da parte dei dispositivi elettronici e dei social media, la nostra attenzione è frequentemente divisa, e spesso ci troviamo sommersi da una sovrabbondanza di informazioni. Ma in mezzo a tutto questo trambusto, quanto tempo dedichiamo realmente a riflettere su noi stessi?

L'auto-riflessione, l'atto di prendersi un momento per fare una pausa, analizzare e riflettere sui propri pensieri, sentimenti e azioni, è un'abilità essenziale nell'odierna società ad alta velocità. Perché è così cruciale, specialmente in questi tempi?

La consapevolezza di sé è la capacità di riconoscere e comprendere i propri sentimenti, motivazioni e azioni. È la base per il miglioramento personale e per comprendere come le nostre azioni influenzino gli altri. In un mondo in cui siamo spesso spinti ad agire rapidamente, prendersi il tempo per riflettere ci può aiutare a comprendere meglio noi stessi.

L'incessante flusso di notifiche, aggiornamenti e informazioni può causare stress e ansia. Dedicare del tempo all'auto-riflessione permette di distaccarsi dalla frenesia digitale e di focalizzarsi sul momento presente, offrendo una pausa ristoratrice per la mente.

L'auto-riflessione può aiutarci a riconsiderare le decisioni passate, valutare le conseguenze e apprendere da eventuali errori. In un'epoca in cui le decisioni spesso devono essere prese rapidamente, questa pratica può offrire una prospettiva più chiara e ponderata.

Riflettere sulle proprie esperienze, sia positive che negative, è fondamentale per la crescita personale. Questo ci permette di riconoscere aree di forza e di debolezza, stabilire obiettivi e tracciare un percorso per il miglioramento.

Comprendendo meglio noi stessi attraverso l'auto-riflessione, possiamo anche diventare più empatici e comprensivi nei confronti degli altri. Questo può portare a relazioni più profonde e autentiche, sia online che offline.

Ma come possiamo coltivare una pratica regolare di auto-riflessione nell'era digitale? Iniziando con la disconnessione digitale, dedicando del tempo ogni giorno, magari solo 10 minuti, lontano dai dispositivi elettronici, ciò ci offre una pausa dalle distrazioni e crea lo spazio ideale per riflettere, parallelamente, tenere un diario dove scrivere i propri pensieri, sentimenti e riflessioni può diventare uno strumento prezioso per guadagnare prospettiva su se stessi e sulle proprie azioni; integrando queste abitudini con meditazione e mindfulness, riusciremo a centrarci sul momento presente e a approfondire ulteriormente la nostra riflessione; infine, non sottovalutiamo l'importanza del feedback, parlare con amici, familiari o colleghi, perché spesso offrono nuove prospettive e stimolano ulteriori riflessioni.

In un mondo in cui l'informazione è costantemente a portata di mano e l'attenzione è sempre più frammentata, l'auto-riflessione emerge come una bussola interna, guidandoci attraverso le sfide e offrendo chiarezza in mezzo al caos. Mentre navigiamo attraverso le acque mutevoli dell'era digitale, ricordiamoci di fare una pausa e di riflettere, per garantire non solo una maggiore consapevolezza di noi stessi, ma anche relazioni più ricche e una vita più equilibrata.

Capitolo 3.4

"La Riscoperta della Comunicazione Umana nell'Età Digitale"

Nell'era digitale, mentre ci troviamo immersi in una rete di connessioni virtuali, emerge una domanda: siamo davvero più connessi tra di noi? La tecnologia ha offerto opportunità inimmaginabili di comunicazione, ma ha anche portato a nuove sfide nella maniera in cui interagiamo e ci rapportiamo gli uni agli altri.

La comunicazione umana va ben oltre le parole. Esiste una vasta gamma di sfumature, espressioni facciali, toni vocali e linguaggi del corpo che vengono trasmessi quando parliamo faccia a faccia. Tuttavia, in un mondo dominato da schermi e messaggi di testo, molte di queste sfumature vengono perse, rendendo la comunicazione meno profonda e autentica.

Ecco alcune ragioni per le quali è fondamentale riscoprire e valorizzare la comunicazione umana in questa era: l'autenticità e la profondità emergono quando conversiamo faccia a faccia, permettendoci di percepire direttamente le emozioni altrui e creando legami intensi, il sorriso genuino di un amico, il tono rassicurante di un familiare o l'entusiasmo di un collega sono esperienze insostituibili che non si possono replicare digitalmente; a differenza delle chat o dei messaggi di testo che possono rimanere in sospeso, la conversazione diretta ci regala un feedback immediato che facilita la comprensione e minimizza i fraintendimenti; questa dinamica favorisce anche l'ascolto attivo, un'abilità che esige una completa presenza mentale e che, quando praticata, ci permette di afferrare le sfumature di ogni discorso e di rispondere in modo empatico e informato; inoltre, non va dimenticato come le interazioni faccia a faccia siano fondamentali nel rafforzamento dei legami sociali, promuovendo un profondo senso di comunità e di appartenenza, pilastri essenziali per il nostro benessere emotivo e psicologico.

Ma come possiamo promuovere una comunicazione più autentica in un mondo sempre più digitalizzato?

Dedicare spazi o momenti della giornata in cui dispositivi e schermi sono messi da parte può incentivare conversazioni più autentiche. Può trattarsi di cene in famiglia, incontri tra amici o riunioni di lavoro.

Impegnarsi a essere veramente presenti quando qualcuno parla, evitando distrazioni e cercando di comprendere il messaggio nella sua totalità.

Partecipare a Eventi Comunitari come iniziative locali, workshop, gruppi di discussione o semplici ritrovi possono offrire opportunità per conversazioni significative e per rafforzare i legami nella comunità.

Valutare la Qualità delle Conversazioni, non si tratta solo della quantità di tempo che passiamo a parlare con gli altri, ma della qualità di tali interazioni. Porsi domande come "Mi sono sentito ascoltato?", "Sono riuscito a esprimere ciò che sentivo?" può aiutare a rifinire le proprie abilità comunicative.

La riscoperta della comunicazione umana nell'era digitale non implica un rifiuto della tecnologia. Al contrario, significa utilizzare gli strumenti digitali in modo consapevole, assicurandosi che migliorino, piuttosto che ostacolino, la nostra capacità di connetterci profondamente con gli altri. In un mondo in cui la tecnologia avanza a passi da gigante, tornare alle basi della comunicazione può sembrare un passo indietro, ma in realtà potrebbe essere la chiave per costruire un futuro più empatico e connesso.

Capitolo 3.5

"Abbracciare l'Innovazione senza Perdere l'Umanità"

Il progresso tecnologico ha portato l'umanità in una nuova era di possibilità. Le innovazioni hanno rivoluzionato il modo in cui lavoriamo, apprendiamo, comunichiamo e viviamo. Se da un lato queste trasformazioni ci offrono opportunità senza precedenti, dall'altro ci pongono davanti a sfide riguardo alla maniera in cui manteniamo l'essenza della nostra umanità in un contesto sempre più digitalizzato.

Con l'avvento dell'intelligenza artificiale e della robotica, molte attività tradizionalmente umane stanno diventando automatizzate. Tuttavia, ci sono qualità intrinsecamente umane che le macchine non possono replicare completamente, come l'empatia, la creatività e l'intuizione. Abbracciare l'innovazione significa anche riconoscere l'unicità del contributo umano e trovare un equilibrio in cui tecnologia e umanità coesistono in armonia.

Con la rapida evoluzione tecnologica, la formazione e l'educazione diventano essenziali non solo per insegnare competenze tecniche, ma anche per nutrire capacità umane come il pensiero critico, la collaborazione e l'etica. L'innovazione dovrebbe essere vista non solo come uno strumento, ma come un mezzo per elevare e arricchire la nostra esperienza umana.

Mentre le realtà virtuali e aumentate diventano sempre più sofisticate, diventa cruciale ricordare l'importanza delle relazioni autentiche. Mentre immergersi in mondi virtuali può offrire esperienze uniche, la connessione umana genuina resta insostituibile. La sfida è sfruttare queste nuove piattaforme per arricchire, piuttosto che sostituire, le interazioni umane.

L'innovazione senza considerazione etica può portare a risultati indesiderati. Man mano che le tecnologie diventano più potenti è fondamentale che siano guidate da principi etici forti. Che si tratti di intelligenza artificiale, bioingegneria o qualsiasi altra area, l'umanità dovrebbe essere sempre al centro delle decisioni.

Guardando avanti, l'umanità si troverà ad affrontare questioni sempre più complesse riguardanti l'integrazione della tecnologia nella vita quotidiana. Ci potrebbero essere momenti in cui sembrerà che la tecnologia stia superando l'umanità. Tuttavia, è essenziale ricordare che la tecnologia è uno strumento creato dall'umanità e per l'umanità. Come tale, ha il potere di riflettere i nostri valori, aspirazioni e sogni.

Abbracciare l'innovazione non significa abbandonare ciò che ci rende umani. Al contrario, rappresenta un'opportunità per esplorare nuovi orizzonti e, allo stesso tempo, riaffermare e rafforzare i principi e i valori che definiscono la nostra essenza. Se guidata con saggezza, l'innovazione può essere la chiave per costruire un futuro in cui la tecnologia e l'umanità prosperano insieme, in un equilibrio di progresso e compassione.

Capitolo 4.1

"L'arte della Resilienza in un Mondo in Continua Evoluzione"

Il mondo attuale è caratterizzato da cambiamenti rapidi e talvolta sconvolgenti. In un contesto così fluido, la resilienza emerge come una qualità fondamentale per individui, organizzazioni e società. Ma cosa significa realmente essere resilienti e come possiamo coltivare questa capacità?

La resilienza non è semplicemente la capacità di "rimbalzare" dopo le avversità. Piuttosto, è l'abilità di adattarsi e crescere di fronte alle sfide, trasformando le difficoltà in opportunità. Non si tratta solo di resistere alle tempeste, ma di imparare a danzare sotto la pioggia.

Nell'era dell'informazione e dell'innovazione, le sfide emergono con una velocità senza precedenti. Cambiamenti socioeconomici, progressi tecnologici, e incertezze globali richiedono una capacità di adattamento costante. La resilienza diventa quindi essenziale non solo per sopravvivere, ma per prosperare in questo ambiente.

Ecco alcune strategie per rafforzare la resilienza a livello individuale: iniziando con la consapevolezza di sé, conoscere le proprie forze e debolezze diventa cruciale per navigare con sicurezza attraverso le sfide, è essenziale adottare un approccio di apprendimento continuo, con una mentalità di crescita che vede gli ostacoli come opportunità per apprendere e svilupparsi; un altro aspetto fondamentale è la connettività, mantenere reti di supporto forti diventa cruciale poiché le relazioni positive rappresentano una fonte inestimabile di forza e comfort, infine, per gestire lo stress in modo efficace, è importante imparare tecniche come la meditazione, l'esercizio fisico e il journaling; passando alle organizzazioni, che si trovano spesso al centro di turbolenze, diventa fondamentale l'adattabilità culturale, creando una cultura aziendale che valorizzi l'innovazione e la flessibilità, assicurandosi inoltre che i membri del team siano sempre in formazione continua, pronti ad acquisire nuove competenze e adattarsi ai nuovi scenari, e non da ultimo, una leadership resiliente è essenziale, i leader dovrebbero diventare dei veri e propri modelli a seguito, dimostrando come affrontare le sfide con determinazione e ottimismo.

La resilienza a livello sociale significa costruire comunità che possano rispondere e adattarsi alle sfide, che siano di natura ambientale, economica o sociale. Ciò richiede una visione condivisa, risorse accessibili e infrastrutture solide. È essenziale investire in istruzione, salute e benessere, e assicurarsi che ci siano meccanismi di supporto per quelli in situazioni vulnerabili.

In un mondo in continua evoluzione, la resilienza non è più un lusso, ma una necessità. Se coltivata con cura, può diventare una delle risorse più preziose, permettendo agli individui e alle comunità di navigare attraverso le sfide con grazia, determinazione e speranza. Non solo ci aiuterà a superare le avversità, ma ci permetterà di emergere da esse più forti e saggi di prima. La strada verso il futuro potrebbe essere incerta, ma con resilienza, è una strada che possiamo percorrere con fiducia.

Capitolo 4.2

"Navigare nell'Era dell'Informazione: Tra Sovraccarico e Opportunità"

L'era dell'informazione ha ridefinito le dinamiche della nostra società. Con l'accesso istantaneo a un mare infinito di informazioni, siamo testimoni di una rivoluzione senza precedenti nel modo in cui lavoriamo, apprendiamo e interagiamo. Ma, come in ogni grande trasformazione, ci sono sia sfide che opportunità.

L'abbondanza di informazioni può sembrare un regalo. Tuttavia, questa stessa abbondanza può diventare soffocante. L'esposizione costante a notizie, social media, e-mail e notifiche può portare a un senso di sovraccarico e confusione. Questo sovraccarico può provocare ansia, stress e una diminuita capacità di concentrarsi su compiti essenziali.

Navigare efficacemente in questo mare di informazioni richiede strategie e abilità specifiche: una delle chiavi è imparare a utilizzare filtri personalizzati per selezionare fonti di informazione credibili e pertinenti, ignorando ciò che è irrilevante o fuorviante; parallelamente, utilizzare tecniche di gestione del tempo, stabilendo momenti specifici della giornata per la lettura o esplorazione, può garantire un equilibrio, ed è altrettanto fondamentale concedersi dei periodi di digital detox, momenti in cui ci si distacca dall'esposizione digitale per rinfrescare la mente e affinare il pensiero critico; nonostante le sfide, l'era dell'informazione offre benefici senza precedenti come l'apprendimento continuo con piattaforme come corsi online e webinar che rendono l'acquisizione di competenze più accessibile, la capacità di collaborazione globale grazie alle tecnologie di comunicazione che aprono porte a nuove idee e la democratizzazione dell'informazione che ha reso la conoscenza accessibile a tutti, indipendentemente dal background o dalla posizione geografica; ma mentre ci immergiamo in questo paesaggio digitale, non dobbiamo mai dimenticare l'importanza delle connessioni umane, la tecnologia, pur essendo uno strumento prezioso, non può replicare la profondità delle relazioni interpersonali, quindi, è vitale valorizzare le interazioni umane al di fuori del digitale, praticare l'arte dell'ascolto attivo in un mondo sovraccarico di informazioni e, infine, mentre interagiamo nel mondo online, ricordare di mantenere l'empatia digitale, riconoscendo che dietro ogni schermo c'è una persona vera con emozioni e esperienze proprie.

L'era dell'informazione ha portato con sé sia sfide che opportunità. Mentre navighiamo in questo nuovo mondo, è nostro compito imparare a bilanciare l'accesso illimitato alle informazioni con la necessità di pause riflessive e connessioni umane autentiche. Con la giusta mentalità e le strategie appropriate, possiamo trarre il meglio da questa era, sfruttando le sue opportunità e proteggendoci dalle sue insidie.

Capitolo 4.3

"L'Impatto della Digitalizzazione sulle Professioni del Futuro"

Nell'era dell'informazione, la digitalizzazione ha trasformato il mondo del lavoro in modi che avremmo potuto solo immaginare un paio di decenni fa. Queste trasformazioni non sono solo tecnologiche, ma hanno anche implicazioni profonde sulle competenze richieste, sulle modalità di lavoro e sulla natura stessa delle professioni.

Numerose professioni che una volta erano considerate tradizionali sono state reinventate dalla digitalizzazione. Ad esempio, i contabili ora utilizzano software avanzati per la gestione fiscale, i medici sfruttano la telemedicina e la realtà aumentata nelle chirurgie, e i giornalisti utilizzano piattaforme digitali per diffondere notizie in tempo reale.

Parallelamente, sono emerse professioni completamente nuove. I progettisti di interfaccia utente (UI), i data scientist e gli esperti di marketing digitale sono ruoli che non esistevano in modo significativo fino a poco tempo fa. Queste professioni rispondono direttamente alle necessità nate dalla crescente dipendenza dalle tecnologie digitali in quasi ogni settore.

La digitalizzazione ha anche modificato le competenze richieste per molte professioni. Oltre alla padronanza degli strumenti digitali specifici del proprio settore, sono emerse alcune competenze trasversali:

Pensiero Critico: Nell'era dell'informazione, la capacità di analizzare e valutare criticamente le informazioni è essenziale.

Apprendimento Continuo: Le tecnologie e le piattaforme digitali evolvono rapidamente. La capacità di adattarsi e apprendere continuamente è diventata una competenza chiave.

Collaborazione Digitale: La capacità di collaborare in team virtuali e utilizzare strumenti di comunicazione digitale è fondamentale in un mondo sempre più interconnesso.

La Digitalizzazione e la Flessibilità Lavorativa

Un altro impatto significativo della digitalizzazione sul lavoro riguarda la flessibilità. Con la crescente prevalenza del telelavoro e delle piattaforme di freelancing, la definizione tradizionale di "posto di lavoro" è stata sfidata. Questa flessibilità ha portato a vantaggi come una maggiore conciliazione tra vita lavorativa e personale, ma ha anche sollevato questioni relative alla sicurezza del lavoro, ai benefici e alla coesione del team.

Mentre le opportunità offerte dalla digitalizzazione sono immense, è fondamentale essere proattivi nella preparazione per il futuro: una delle chiavi è investire in educazione e formazione, sia formale che informale, per rimanere sempre aggiornati sulle ultime tendenze e sulle competenze richieste nel mondo digitale. Parallelamente, è essenziale creare e mantenere una rete professionale solida che possa offrire nuove opportunità in un mercato del lavoro che evolve rapidamente e, non da meno, nella corsa per stare al passo con la digitalizzazione, non dobbiamo mai trascurare il nostro benessere digitale, stabilendo confini chiari tra lavoro e tempo libero e concedendoci momenti per disconnettersi regolarmente.

La digitalizzazione sta plasmando il futuro del lavoro in modi rivoluzionari. Anche se ciò comporta sfide, offre anche opportunità senza precedenti per l'innovazione, la crescita e la creazione di valore. Essere consapevoli di questi cambiamenti e adottare un approccio proattivo alla formazione e allo sviluppo può garantire che siamo non solo pronti, ma anche in grado di prosperare in questo nuovo paesaggio professionale.

Capitolo 4.4

"L'Umanesimo Digitale: Integrare Tecnologia e Valori Umani"

Nell'epoca della digitalizzazione, siamo circondati da tecnologie avanzate che promettono di migliorare la nostra vita, rendere le aziende più efficienti e portare soluzioni innovative a problemi secolari. Tuttavia, mentre le tecnologie avanzano a ritmi vertiginosi, è essenziale chiedersi: "In che modo la tecnologia può coesistere con i valori umani fondamentali?". Questa è la domanda centrale dell'umanesimo digitale.

L'umanesimo digitale non è solo un concetto filosofico; è un movimento che intende mantenere l'essenza dell'umanità al centro dell'era digitale. Mentre la tecnologia ha il potere di trasformare, l'umanesimo digitale sottolinea l'importanza di utilizzare questa tecnologia in modo etico, sostenibile e in linea con i valori umani fondamentali.

Mentre la digitalizzazione può portare a una maggiore efficienza in molte aree, non dovrebbe mai farlo a scapito dell'empatia. Ad esempio, mentre una chatbot può gestire le richieste dei clienti più velocemente di un essere umano, le aziende devono garantire che gli utenti abbiano sempre la possibilità di interagire con una persona reale quando necessario. Inoltre, l'intelligenza artificiale nell'assistenza sanitaria può aiutare nella diagnosi, ma l'aspetto umano della cura non può essere trascurato.

La rapida evoluzione della tecnologia pone nuove sfide etiche. Dalla protezione dei dati personali alla crescente dipendenza dalla tecnologia, le questioni etiche sono al centro dell'umanesimo digitale. Le organizzazioni e gli individui devono considerare non solo cosa è tecnicamente possibile, ma anche ciò che è giusto e benefico per l'umanità.

Una delle promesse della digitalizzazione è l'accessibilità e l'inclusività. Le piattaforme online hanno il potere di dare voce a chi viene spesso trascurato. Tuttavia, esiste anche il rischio di creare nuove forme di esclusione digitale. L'umanesimo digitale insiste sulla creazione di tecnologie e piattaforme che siano accessibili a tutti, indipendentemente dalle capacità, dall'età o dallo sfondo socioeconomico.

Con l'adozione massiccia della tecnologia, c'è anche una crescente consapevolezza dell'impatto ambientale associato alla produzione e allo smaltimento di dispositivi elettronici. L'umanesimo digitale promuove l'adozione di tecnologie sostenibili, l'uso responsabile delle risorse e l'integrazione della sostenibilità nei processi di produzione.

Mentre ci prepariamo ad accogliere ulteriori innovazioni, come la realtà virtuale avanzata, l'intelligenza artificiale generalizzata e la robotica autonoma, è fondamentale riflettere sul tipo di futuro che vogliamo costruire. L'umanesimo digitale offre una bussola, una guida per navigare in questo paesaggio in continua evoluzione.

L'umanesimo digitale non è una reazione contro la tecnologia, ma piuttosto un invito a integrarla in modo che rispecchi e rispetti i valori umani. È un promemoria che, mentre plasmiamo la tecnologia, essa a sua volta plasmerà la società. Pertanto, è fondamentale guidare questo processo con saggezza, empatia e una visione chiara del tipo di mondo che desideriamo per le generazioni future. Ogni innovazione, ogni prodotto e ogni decisione in materia di tecnologia dovrebbe riflettere una considerazione profonda non solo delle sue potenzialità, ma anche delle sue implicazioni sull'essenza stessa dell'umanità.

Capitolo 4.5

"L'Impatto Sociale dell'Intelligenza Artificiale: Sfide e Opportunità"

L'intelligenza artificiale (IA) ha avuto un impatto significativo su quasi ogni aspetto della nostra vita quotidiana e professionale. Mentre ci stiamo ancora adattando alle sue capacità, è essenziale comprendere l'ampio spettro di influenze che l'IA può avere sulla società, dalle opportunità alle sfide.

Con l'avvento dell'IA, sono emerse nuove opportunità in campi come la medicina, l'istruzione e la produzione. I sistemi di IA sono ora in grado di rilevare malattie con una precisione che supera quella degli esseri umani, personalizzare i piani di apprendimento per gli studenti e ottimizzare la produzione riducendo gli sprechi.

Uno degli impatti più positivi dell'IA è la democratizzazione dell'accesso alle informazioni e ai servizi. Con la giusta implementazione, l'IA può contribuire a ridurre le disparità offrendo a tutti, indipendentemente dalla loro posizione geografica o economica, accesso a risorse vitali come l'istruzione e le cure mediche.

Tuttavia, l'IA porta con sé anche delle sfide. Una delle principali preoccupazioni è l'impatto sull'occupazione. Mentre alcune professioni beneficiano dell'assistenza dell'IA, altre, specialmente quelle ripetitive e manuali, rischiano l'automazione. La chiave sta nel comprendere che l'IA non sostituirà completamente gli esseri umani ma piuttosto completerà e migliorerà il nostro lavoro. Ciò richiederà una riforma nella formazione e nell'istruzione per preparare le future generazioni a lavorare a fianco delle macchine.

L'IA, con le sue decisioni e previsioni, potrebbe sembrare infallibile, ma non lo è. Ci sono stati casi in cui i sistemi di IA hanno mostrato pregiudizi a causa di dati di formazione distorti. Ecco perché è essenziale garantire che l'IA operi in modo etico e responsabile. La società ha la responsabilità di garantire che gli algoritmi siano imparziali e che l'IA venga utilizzata per migliorare la vita delle persone, non per danneggiarle.

Con l'aumento dell'uso dell'IA, sorge la questione della privacy dei dati. Mentre l'IA si basa sull'analisi dei dati per funzionare in modo efficace, è essenziale garantire che la privacy degli individui non venga compromessa. Le organizzazioni devono essere trasparenti su come vengono utilizzati i dati e garantire che siano protetti da possibili violazioni.

Se usata correttamente, l'IA ha il potere di portare progresso e prosperità. Ma per realizzare questo potenziale, è fondamentale che le persone, le organizzazioni e i governi collaborino. La creazione di linee guida, regolamenti e politiche che incoraggiano l'uso etico e responsabile dell'IA sarà fondamentale per garantire un futuro in cui l'umanità e la macchina possano coesistere in armonia.

L'intelligenza artificiale è molto più di un semplice strumento o tecnologia; rappresenta una trasformazione fondamentale nel modo in cui interagiamo con il mondo e tra di noi. Se ben guidata, può portare a un'epoca d'oro di innovazione e opportunità. Ma, come con ogni potente strumento, è essenziale usarlo con cura, comprensione e rispetto per i valori fondamentali che definiscono la nostra umanità. Ogni decisione presa riguardo all'IA dovrebbe essere vista attraverso una lente che tiene conto non solo dell'innovazione ma anche dell'impatto sociale. In questo modo, possiamo assicurarci che l'IA benefici veramente tutti e contribuisca a una società più giusta e prospera.

Capitolo 5.1

"Le Prospettive Future dell'Intelligenza Artificiale e la sua Evoluzione nel Tempo"

Mentre l'intelligenza artificiale ha già avuto un impatto significativo sulla nostra società, il suo vero potenziale è ancora in gran parte inesplorato. Se guardiamo al futuro, possiamo immaginare un mondo in cui l'IA si evolve in modi che sono difficili da concepire oggi. Ma che aspetto potrebbe avere questo futuro? E come l'IA si adatterà e crescerà nel corso del tempo?

L'ambito medico sta già sperimentando rivoluzionarie applicazioni dell'IA. Immaginiamo un futuro in cui dispositivi dotati di intelligenza artificiale saranno in grado di monitorare costantemente la nostra salute, prevedendo malattie prima che diventino gravi. Protesi avanzate potrebbero essere controllate attraverso segnali neurali, fornendo una gamma di movimenti naturali a chi ha perso un arto.

Il settore dei trasporti vedrà una trasformazione radicale grazie all'IA. I veicoli autonomi diventeranno la norma piuttosto che l'eccezione, rendendo le strade più sicure ed efficienti. Oltre alle automobili, potremmo vedere droni e altri mezzi di trasporto automatizzati che operano in sintonia, gestiti da sistemi di IA avanzati.

L'istruzione potrebbe diventare altamente personalizzata grazie all'IA. Piuttosto che avere un approccio unico per tutti, i sistemi potrebbero adattare il curriculum alle esigenze individuali degli studenti, garantendo che ogni individuo riceva un'istruzione ottimale per il suo stile di apprendimento e le sue capacità.

Nel futuro, le nostre case e luoghi di lavoro potrebbero diventare ambienti "intuitivi", capaci di anticipare le nostre esigenze e adattarsi di conseguenza. L'IA potrebbe controllare tutto, dalla temperatura e illuminazione ideale, all'ottimizzazione dell'energia e alla gestione delle risorse.

Mentre queste innovazioni promettono un futuro prospero, porteranno anche nuove sfide. Ad esempio, come la società si adatterà a una crescente automazione in settori precedentemente dominati dagli esseri umani? E come garantiremo che l'IA sia utilizzata per il bene comune e non per fini maliziosi?

Una delle idee più affascinanti del futuro dell'IA è la possibilità di una fusione tra esseri umani e intelligenza artificiale. Non si tratta solo di utilizzare dispositivi esterni, ma di integrare l'IA nelle nostre biologie. Ciò potrebbe aprire possibilità incredibili in termini di potenziamento delle capacità umane, dall'espansione della memoria al miglioramento delle capacità fisiche.

Il futuro dell'intelligenza artificiale è vasto e pieno di potenziale. Come per ogni nuova frontiera, ci saranno sfide da affrontare e ostacoli da superare. Tuttavia, con una visione chiara, una pianificazione attenta e una considerazione etica, l'IA ha il potenziale per guidare l'umanità verso un'era di progresso e prosperità senza precedenti.

Mentre avanziamo verso questo futuro, è fondamentale ricordare che l'intelligenza artificiale è uno strumento nelle mani dell'umanità. La direzione in cui lo guidiamo e come lo utilizziamo dipenderà dalle scelte che facciamo oggi. E queste scelte determineranno il tipo di futuro in cui vivremo. Avere una visione lungimirante e considerare sia le opportunità che le sfide garantirà lo sfruttamento nel migliore dei modi le capacità dell'IA per creare un mondo migliore per tutti.

Capitolo 5.2

"L'importanza di una Regolamentazione Etica dell'Intelligenza Artificiale"

L'avanzamento della tecnologia dell'intelligenza artificiale ha messo in luce una questione cruciale: come assicurarsi che le macchine dotate di IA operino in modo che rispetti principi etici fondamentali? L'importanza di una regolamentazione etica è centrale non solo per garantire la sicurezza, ma anche per assicurare che l'IA sia utilizzata in modo responsabile e per il bene comune.

Uno dei timori principali legati all'IA è la potenziale erosione dell'autonomia umana. Se permettiamo alle macchine di prendere decisioni importanti senza un adeguato controllo umano, corriamo il rischio di creare sistemi che potrebbero agire in modi non intenzionali o addirittura dannosi. Garantire che l'IA operi all'interno di limiti definiti è fondamentale per proteggere l'autonomia e la sovranità dell'individuo.

Senza una regolamentazione adeguata, esiste il pericolo che l'IA possa essere utilizzata in modi manipolativi o dannosi. Che si tratti di disinformazione, sorveglianza invasiva o manipolazione comportamentale, le potenzialità dell'IA potrebbero essere sfruttate per fini non etici se non adeguatamente regolamentate.

L'IA apprende dai dati e, se quei dati contengono bias o pregiudizi, l'IA potrebbe perpetuare o addirittura amplificare tali pregiudizi. Una regolamentazione etica dovrebbe richiedere che i sistemi di IA siano trasparenti e liberi da bias ingiusti. Questo garantirà che le decisioni basate sull'IA siano giuste e non discriminanti.

Affinché le persone abbiano fiducia nell'IA, è essenziale che comprendano come funziona e come prende le sue decisioni. Questo significa che i sistemi di IA dovrebbero essere progettati in modo da essere trasparenti e spiegabili. Gli individui dovrebbero avere il diritto di sapere come una determinata decisione basata sull'IA è stata presa, specialmente se ha un impatto diretto sulla loro vita.

Se qualcosa va storto, chi è responsabile? Questa è una domanda chiave nella regolamentazione dell'IA. Che si tratti di un veicolo autonomo che causa un incidente o di un sistema di riconoscimento facciale che identifica erroneamente un individuo, è essenziale stabilire chiarezza in termini di responsabilità. Ciò significa che le organizzazioni e gli individui che sviluppano, implementano e utilizzano l'IA dovrebbero essere tenuti responsabili delle azioni e delle decisioni del sistema.

Poiché l'IA non conosce confini geografici, è fondamentale una collaborazione a livello globale per stabilire norme e standard etici. Paesi, organizzazioni e individui dovrebbero lavorare insieme per garantire che l'IA sia utilizzata in modo che benefici tutti e non solo pochi.

Mentre guardiamo all'enorme potenziale dell'intelligenza artificiale, non possiamo ignorare le importanti considerazioni etiche che accompagnano questa rivoluzione tecnologica. Attraverso una regolamentazione riflessiva e centrata sull'etica, possiamo garantire che l'IA venga utilizzata in modi che rispettano la dignità umana, promuovono l'equità e proteggono i diritti fondamentali. Ciò richiederà uno sforzo collettivo e una visione lungimirante, ma con l'impegno e la collaborazione, possiamo plasmare un futuro in cui l'IA funge da potente alleato dell'umanità, piuttosto che come potenziale minaccia.

Capitolo 5.3

"L'IA come Strumento di Crescita Sociale ed Economica"

L'intelligenza artificiale è indubbiamente una delle innovazioni tecnologiche più rivoluzionarie dei tempi moderni. Ma, oltre a essere un avanzamento tecnologico, l'IA ha il potenziale per essere uno strumento di crescita sociale ed economica. In questo contesto, è fondamentale considerare le molteplici possibilità offerte dall'IA per catalizzare il progresso in diversi settori della società.

L'IA può automatizzare processi ripetitivi, ridurre gli errori e aumentare la velocità delle operazioni in molte industrie. Dall'agricoltura alla manifattura, passando per il settore sanitario, l'IA può trasformare operazioni tradizionalmente laboriose in procedure efficienti, riducendo i costi e massimizzando la produttività.

Con l'IA, la personalizzazione dell'apprendimento diventa possibile. I sistemi di IA possono adattare i materiali didattici alle esigenze individuali degli studenti, garantendo un apprendimento più profondo e personalizzato. Questo potrebbe ridurre il divario educativo e offrire opportunità a studenti di tutto il mondo, indipendentemente dalla loro posizione geografica o situazione socioeconomica.

L'IA ha il potenziale di rivoluzionare la medicina. Può aiutare nella diagnosi precoce delle malattie, personalizzare i trattamenti e persino assistere i chirurghi durante le operazioni complesse. Questo potrebbe tradursi in migliori risultati per i pazienti e un sistema sanitario più efficiente.

Attraverso l'analisi di grandi quantità di dati, l'IA può contribuire a prevedere e affrontare le sfide ambientali. Può aiutare a ottimizzare l'uso delle risorse, a monitorare i cambiamenti climatici e a progettare soluzioni sostenibili per le città in crescita.

L'IA può anche giocare un ruolo cruciale nell'abbattere le barriere sociali. Può assistere persone con disabilità, facilitando la comunicazione per chi ha difficoltà uditive o visive, o supportando la mobilità di chi ha limitazioni fisiche. Inoltre, può aiutare a identificare e combattere discriminazioni e bias, contribuendo a creare società più inclusive.

Se da un lato l'automazione può rappresentare una minaccia per alcuni lavori tradizionali, dall'altro può generare nuove professioni e specializzazioni. La chiave sta nell'adattamento e nella formazione continua. Gli individui e le organizzazioni dovrebbero essere proattivi nell'apprendere e sviluppare competenze che saranno cruciali nell'era dell'IA.

Con l'espansione dell'IA, si apre anche la porta a nuove opportunità economiche. Paesi in via di sviluppo potrebbero beneficiare dell'adozione dell'IA, saltando alcune fasi tradizionali di industrializzazione e accedendo direttamente a un'economia avanzata e digitalizzata.

L'IA, se guidata da principi etici e utilizzata correttamente, può essere un catalizzatore di crescita sociale ed economica. Il suo potenziale va ben oltre l'automazione e la tecnologia, toccando le vite delle persone in modi significativi e profondi. La nostra sfida come società è garantire che l'adozione dell'IA avvenga in modo equo, inclusivo e orientato al bene comune, assicurando che le opportunità create siano accessibili a tutti. Attraverso una visione olistica e collaborativa, possiamo sfruttare l'IA per costruire un futuro luminoso e prospero.

Capitolo 5.4

"L'Equilibrio tra Autonomia dell'IA e Intervento Umano"

Nell'era moderna, in cui l'intelligenza artificiale si sta inserendo sempre più profondamente in vari aspetti della nostra società, emerge una questione fondamentale: qual è il giusto equilibrio tra l'autonomia dell'IA e l'intervento umano? La risposta a questa domanda è cruciale, poiché influenzerà la direzione dello sviluppo dell'IA e il suo impatto sulla società nel suo complesso.

L'IA autonoma può processare enormi quantità di dati molto più rapidamente di quanto possa fare un essere umano. Questo rende possibile, per esempio, effettuare analisi predittive complesse in settori come la medicina, la finanza o la meteorologia in una frazione di secondo. Tale velocità e precisione possono portare a decisioni più informate e tempestive.

Tuttavia, l'autonomia totale dell'IA presenta delle sfide. L'IA è creata e addestrata da esseri umani, e quindi può involontariamente ereditare e amplificare pregiudizi esistenti, portando a decisioni che non sono veramente imparziali o giuste. Inoltre, l'IA autonoma potrebbe agire in modi imprevisti, soprattutto in situazioni che non sono state considerate durante la sua formazione.

L'essere umano possiede qualità che, almeno per ora, l'IA non può replicare: empatia, intuizione, e un profondo senso etico. Queste qualità sono fondamentali quando si tratta di prendere decisioni che influenzano la vita delle persone. L'intervento umano può servire come controllo, assicurando che l'IA operi in modo che sia in linea con i valori e gli obiettivi della società.

Tuttavia, l'intervento umano ha le sue limitazioni. Gli esseri umani possono essere influenzati da emozioni, pregiudizi o stress, che potrebbero portare a decisioni meno ottimali. C'è anche il rischio che un eccessivo affidamento sull'intervento umano possa limitare le potenzialità dell'IA, impedendoci di beneficiare pienamente delle sue capacità.

Ecco alcune considerazioni chiave nella ricerca di un equilibrio tra autonomia dell'IA e intervento umano:

Contesti Specifici: Non tutti i contesti richiedono lo stesso livello di autonomia. Mentre l'IA potrebbe avere piena autonomia nella gestione dei dati di un'azienda, potrebbe essere necessario un maggiore intervento umano in settori come la sanità o la giustizia.

Feedback Continuo: L'IA dovrebbe avere meccanismi di feedback che permettano una correzione in tempo reale. Se l'IA fa una scelta subottimale, dovrebbe esserci un sistema per correggerla e adattarsi di conseguenza.

Formazione ed Etica: Gli sviluppatori e gli utenti dell'IA dovrebbero essere formati non solo sulle capacità tecniche, ma anche sull'etica dell'utilizzo dell'IA. Questo può aiutare a garantire che l'IA venga utilizzata in modo responsabile.

Trasparenza: Gli algoritmi di IA dovrebbero essere il più trasparenti possibile, permettendo agli utenti di comprendere come vengono prese le decisioni.

In conclusione, mentre l'intelligenza artificiale ha il potenziale di rivoluzionare molti settori della nostra società, è essenziale trovare un equilibrio tra la sua autonomia e l'essenziale guida umana. Solo attraverso una collaborazione simbiotica tra uomo e macchina possiamo sperare di realizzare pienamente le promesse dell'IA, garantendo al contempo sicurezza, equità e benessere per tutti.

Capitolo 5.5

"La Coesistenza tra Uomo e Macchina: Una Visione del Futuro"

Mentre esploriamo le profondità dell'intelligenza artificiale e il suo impatto sulla società, una domanda sorge in modo naturale: come sarà la coesistenza tra uomo e macchina nel futuro? Osservare le tendenze attuali e prevedere gli scenari futuri può fornirci delle intuizioni su come prepararci e come plasmare una convivenza armoniosa tra l'umanità e le macchine intelligenti.

L'idea predominante è che, anziché sostituire completamente l'uomo in molti compiti, l'IA si evolverà per essere complementare alle abilità umane. Ad esempio, mentre un algoritmo di IA può analizzare rapidamente grandi set di dati, l'essere umano ha la capacità di percepire sfumature, emozioni e contesto, qualità che sono ancora complesse da replicare in un modello di machine learning.

Questo approccio complementare potrebbe portare a nuove forme di collaborazione. Immaginate team di progetto dove l'IA fornisce analisi dettagliate e l'essere umano interpreta, valuta e prende decisioni basate su queste informazioni, garantendo che le decisioni siano sia tecnicamente valide sia eticamente sonore.

Nel futuro, potremmo vedere una società in cui l'IA e gli esseri umani coesistono in molti aspetti della vita quotidiana. Dalle infrastrutture urbane che si adattano in tempo reale alle esigenze dei cittadini, ai sistemi di assistenza sanitaria che combinano diagnosi di IA con l'esperienza clinica del medico, la sinergia potrebbe riflettersi in molti settori.

È essenziale, tuttavia, che ciò avvenga in modo che l'umanità non si senta sopraffatta o messa in ombra dalla tecnologia. Questo richiede una progettazione attenta e l'istituzione di principi guida che pongano l'essere umano al centro delle decisioni, garantendo che l'IA sia uno strumento e non un dominatore.

Per preparare le future generazioni a questo mondo ibrido, l'educazione avrà un ruolo cruciale. Gli studenti dovranno essere formati non solo su come utilizzare l'IA, ma anche su come lavorare al suo fianco. Ciò include l'acquisizione di competenze tecniche, ma anche la comprensione delle implicazioni etiche e sociali della tecnologia.

Man mano che l'IA diventa sempre più prevalente, le sfide associate alla sua regolamentazione e all'etica della sua applicazione diventeranno ancora più acute. Ci sarà una crescente necessità di standard globali che garantiscano che l'IA sia utilizzata in modo responsabile e che i diritti delle persone siano protetti.

Inoltre, sarà fondamentale considerare come affrontare potenziali disuguaglianze create dall'adozione dell'IA. Se solo alcune porzioni della società avessero accesso alle migliori tecnologie di IA, ciò potrebbe portare a squilibri di potere e opportunità.

La visione di un futuro in cui uomo e macchina coesistono armoniosamente non è solo una fantasia; è un obiettivo raggiungibile se affrontato con riflessione e pianificazione. Con un impegno congiunto da parte di ricercatori, politici, educatori e cittadini, possiamo plasmare un mondo in cui la tecnologia eleva l'esperienza umana, piuttosto che sopprimerla. Come in ogni periodo di grande cambiamento, la chiave sarà l'adattabilità, la comprensione e la volontà di lavorare insieme verso un futuro condiviso.

Capitolo 6.1

"La Responsabilità nell'Era dell'Intelligenza Artificiale"

Nell'ambito di una società sempre più integrata con l'Intelligenza Artificiale, emerge con forza la questione della responsabilità. Mentre la tecnologia avanza a passi da gigante, offrendo soluzioni innovative e rivoluzionarie, è essenziale affrontare il tema della responsabilità legata all'uso, alla creazione e alla distribuzione dell'IA.

Prima di esplorare le complessità della responsabilità nell'ambito dell'IA, è importante definire cosa intendiamo per "responsabilità". Si tratta di un obbligo morale, legale o etico di evitare danni e onorare gli impegni presi. Nell'ambito dell'IA, ciò può riferirsi al danno causato da un algoritmo, alle promesse non mantenute da una tecnologia o alle implicazioni etiche di una decisione automatizzata.

Un interrogativo cruciale è: chi è responsabile quando un sistema di IA commette un errore o causa un danno? È colpa del creatore del sistema, dell'utente che lo implementa, o di entrambi?

Immaginiamo un sistema di IA utilizzato in medicina per aiutare nella diagnosi di malattie. Se il sistema fornisce una diagnosi errata, la responsabilità ricade sul medico che ha fatto affidamento sull'IA, sul team di sviluppo che ha creato l'algoritmo, o su entrambi?

In tali scenari, è fondamentale avere chiare linee guida e principi etici che definiscano la responsabilità. Questo non solo per proteggere i consumatori e gli utenti, ma anche per garantire che gli sviluppatori di IA abbiano la chiarezza necessaria per innovare senza paura di ripercussioni ingiustificate.

Con l'espansione dell'IA in vari settori, l'educazione diventa cruciale. Gli utenti, siano essi professionisti in un campo specifico o il pubblico generale, devono essere consapevoli delle capacità e delle limitazioni dell'IA. Solo con una comprensione chiara di ciò che la tecnologia può e non può fare, gli utenti possono utilizzare l'IA in modo responsabile.

Anche la formazione degli sviluppatori è essenziale. Dovrebbero essere educati non solo sulle competenze tecniche, ma anche sulla responsabilità etica e sociale legata alla creazione di sistemi di IA.

Un approccio efficace alla responsabilità nell'era dell'IA richiede anche una robusta normativa e standardizzazione. Le leggi e le regolamentazioni possono fornire una struttura chiara su come l'IA dovrebbe essere sviluppata e implementata in modo responsabile. Questo può includere normative sulla trasparenza, sull'equità e sulla protezione dei dati degli utenti.

L'IA ha il potenziale di trasformare il mondo in modi che attualmente possiamo solo immaginare. Tuttavia, come ogni potente strumento, viene anche con grandi responsabilità. Affrontare proattivamente le questioni legate alla responsabilità non solo garantirà che l'IA venga utilizzata in modo sicuro ed etico, ma aiuterà anche a costruire la fiducia del pubblico in questa tecnologia rivoluzionaria. Affinché l'IA raggiunga il suo pieno potenziale, tutti gli stakeholder, dai creatori agli utenti finali, devono collaborare per garantire che la responsabilità sia al centro delle loro priorità.

Capitolo 6.2

"La Convergenza tra Umano e Macchina: Implicazioni e Sfide"

In un mondo crescentemente permeato dalla tecnologia, la convergenza tra umano e macchina diventa una tematica di rilevante importanza. Al centro di questa interazione si collocano non solo le meraviglie delle potenzialità tecnologiche, ma anche le sfide etiche, sociali e psicologiche inerenti alla fusione sempre più stretta tra l'essere umano e le macchine intelligenti.

Le tecnologie, come gli impianti neurali e le protesi avanzate, stanno già permettendo un'integrazione diretta tra l'essere umano e la macchina. Questi strumenti offrono la possibilità di superare le limitazioni fisiche, ampliando le nostre capacità. Un individuo con una protesi al braccio, ad esempio, potrebbe un giorno non solo recuperare la funzionalità perduta, ma anche acquisire abilità che vanno oltre le capacità umane standard.

Se la tecnologia può estendere le nostre capacità fisiche, l'IA può potenzialmente ampliare le nostre capacità cognitive. Gli assistenti virtuali, le soluzioni di apprendimento automatico e le reti neurali artificiali potrebbero diventare estensioni del nostro pensiero, aiutandoci a elaborare informazioni, prendere decisioni o persino esplorare nuove forme di creatività.

Nonostante le entusiasmanti possibilità, la convergenza uomo-macchina porta con sé una serie di questioni etiche. Dove si colloca il confine tra l'essere umano e la macchina? In un futuro in cui le capacità umane potrebbero essere amplificate o persino sostituite dalla tecnologia, cosa significa realmente essere "umani"?

Inoltre, l'accesso a queste tecnologie potrebbe creare disparità tra coloro che possono permettersi di "amplificarsi" e coloro che non possono, dando vita a nuove forme di disuguaglianza. Questi dilemmi etici richiedono una profonda riflessione da parte della società.

La fusione con la tecnologia potrebbe anche avere profonde implicazioni psicologiche. Come influenzerà il nostro senso del sé, la nostra autopercezione o la nostra salute mentale? La possibilità di interfacciarsi direttamente con le macchine o di ampliare le nostre capacità potrebbe alterare il nostro senso di identità o generare nuove forme di stress o ansia.

Alla luce delle sfide e delle implicazioni sopra menzionate, diventa essenziale una chiara governance e regolamentazione. Le linee guida devono essere stabilite per garantire che la convergenza uomo-macchina avvenga in modo etico e responsabile, garantendo al contempo l'innovazione e l'accesso equo.

La convergenza tra umano e macchina rappresenta uno dei temi più affascinanti e controversi del nostro tempo. Essa ha il potere di ridefinire il concetto stesso di umanità, offrendo opportunità senza precedenti ma presentando anche sfide che devono essere affrontate con saggezza e previsione. La nostra capacità di navigare con successo in questa convergenza dipenderà dalla nostra volontà di esplorare, comprendere e affrontare in modo proattivo le molteplici dimensioni di questa rivoluzione. Mentre ci muoviamo in questo territorio inesplorato, è essenziale che l'umanità rimanga al centro delle nostre considerazioni e decisioni.

Capitolo 6.3

"La Realtà Virtuale come Ponte tra Mondo Fisico e Digitale"

L'espansione tecnologica non ha solo reso possibile una convergenza tra l'essere umano e la macchina, ma ha anche creato nuovi mondi in cui potremmo vivere, lavorare e giocare. Uno di questi è rappresentato dalla realtà virtuale (RV), che funge da ponte tra il nostro mondo fisico e il regno digitale, trasformando il modo in cui percepiamo e interagiamo con l'ambiente circostante.

La realtà virtuale offre un'esperienza immersiva che trascende i confini della nostra realtà fisica. Attraverso visori e dispositivi sensoriali, gli utenti sono trasportati in ambienti digitali tridimensionali, dove possono interagire con oggetti, persone e scenari in modi prima inimmaginabili. Questo grado di immersione ha il potenziale di trasformare settori come l'intrattenimento, l'istruzione e la medicina.

L'apprendimento tradizionale, spesso basato su libri di testo e lezioni frontali, può essere arricchito e amplificato dalla RV. Immaginate di studiare storia non solo leggendo su un evento, ma vivendolo in prima persona in un ambiente virtuale. O considerate le potenzialità nella formazione medica, dove gli studenti possono esercitarsi in procedure chirurgiche in un ambiente sicuro e controllato prima di operare su pazienti reali.

La RV non offre solo opportunità di apprendimento, ma anche terapeutiche. Si sta dimostrando efficace nel trattamento di disturbi come la PTSD, permettendo ai pazienti di affrontare e processare i loro traumi in un ambiente sicuro. Inoltre, la fisioterapia potrebbe sfruttare la RV per creare programmi di riabilitazione personalizzati, dove i pazienti possono monitorare i loro progressi e adattare gli esercizi alle loro esigenze.

Tuttavia, come ogni nuova tecnologia, la RV presenta delle sfide. La dipendenza da mondi virtuali potrebbe distorcere la nostra percezione della realtà e influenzare la nostra capacità di interagire nel mondo fisico. Inoltre, la continua esposizione a ambienti virtuali potrebbe avere effetti fisici, come affaticamento o problemi visivi.

Anche la privacy è una questione fondamentale. Con la RV che registra e analizza ogni nostro movimento e interazione, si apre un nuovo fronte in termini di raccolta e utilizzo dei dati. Gli sviluppatori e i regolatori devono lavorare insieme per garantire che la nostra vita virtuale rimanga privata.

La realtà virtuale è solo uno degli esempi di come la tecnologia stia ridefinendo i confini tra il mondo fisico e quello digitale. La sua capacità di creare esperienze immersive la rende unica, ma ci ricorda anche l'importanza di mantenere un equilibrio. Mentre ci immergiamo in questi nuovi mondi, dobbiamo anche rimanere connessi al nostro ambiente e alle persone che ci circondano.

In definitiva, la RV rappresenta una frontiera emozionante e promettente nella nostra continua esplorazione tecnologica. Attraverso una comprensione attenta e responsabile delle sue potenzialità e sfide, possiamo assicurarci che serva come ponte benefico tra il nostro mondo fisico e l'infinito panorama digitale.

Capitolo 6.4

"La Rivoluzione della Blockchain: Oltre la Moneta"

Quando si parla di blockchain, la mente va immediatamente alle criptovalute come Bitcoin ed Ethereum. Ma, in realtà, la potenza della blockchain si estende ben oltre il mondo delle monete digitali. La sua struttura innovativa e decentralizzata ha il potenziale di rivoluzionare numerosi settori, offrendo trasparenza, sicurezza e autonomia.

La blockchain, tradotta come "catena di blocchi", è un registro digitale distribuito, dove ogni blocco contiene un gruppo di transazioni. Ogni blocco è collegato al precedente attraverso una funzione crittografica, creando una catena immutabile di record. Una volta che un blocco è aggiunto alla catena, diventa quasi impossibile modificarlo senza cambiare tutti i blocchi successivi, garantendo così la sicurezza e la trasparenza delle transazioni.

Mentre le criptovalute hanno fatto da pioniere per la tecnologia blockchain, ci sono molte altre applicazioni in fase di esplorazione e sviluppo:

Gestione della Fornitura: La tracciabilità è cruciale nella catena di fornitura. Con la blockchain, ogni prodotto può essere tracciato dalla sua origine fino al consumatore finale, garantendo l'autenticità e riducendo la contraffazione.

Contratti Intelligenti: Questi sono programmi automatici che si attivano quando vengono soddisfatte determinate condizioni. Ad esempio, un contratto di locazione potrebbe rilasciare automaticamente una chiave digitale una volta ricevuto il pagamento.

Sanità: I record medici possono essere memorizzati sulla blockchain, assicurando la privacy del paziente e, allo stesso tempo, rendendo le informazioni accessibili a medici autorizzati da tutto il mondo.

Identità Digitale: La blockchain può fornire una prova sicura e immutabile dell'identità, proteggendo gli utenti da frodi e furti d'identità.

Energia: La vendita e l'acquisto di energia possono essere automatizzati e ottimizzati attraverso reti decentralizzate basate su blockchain, favorendo le microreti e l'energia rinnovabile.

Sebbene la blockchain prometta una rivoluzione in molti settori, ci sono anche delle sfide da considerare. La scalabilità, ad esempio, è un problema con molte blockchain attuali, specialmente quando si tratta di gestire un grande volume di transazioni.

Inoltre, mentre la decentralizzazione offre molti vantaggi, come resistenza alla censura e riduzione dei punti di fallimento, può anche rendere difficile l'attuazione di modifiche e aggiornamenti. C'è anche una curva di apprendimento associata alla tecnologia, e molte aziende potrebbero trovarsi ad affrontare difficoltà nella sua integrazione.

Mentre ci avventuriamo ulteriormente in questa era digitale, la blockchain potrebbe rappresentare un faro di sicurezza e trasparenza in un mare di informazioni. Per realizzare il suo pieno potenziale, è fondamentale comprendere non solo i suoi benefici, ma anche le sfide inerenti. Con un approccio ponderato, possiamo sperare di utilizzare la blockchain per costruire un futuro digitale più sicuro, equo e aperto.

Capitolo 6.5

"Decifrare l'Enigma delle Criptovalute"

Le criptovalute rappresentano una delle innovazioni più audaci e potenzialmente rivoluzionarie del nostro tempo. Mentre la blockchain, la tecnologia sottostante, ha una vasta gamma di applicazioni, sono le monete digitali che spesso catturano l'attenzione del grande pubblico. Ma cosa sono esattamente le criptovalute e come stanno cambiando il modo in cui concepiamo il valore e la trasmissione di esso?

Al cuore delle criptovalute c'è l'idea di una moneta decentralizzata, indipendente da banche centrali o governi. Queste monete operano su reti peer-to-peer, con ogni transazione verificata da partecipanti alla rete attraverso complicati processi di crittografia. Una volta che una transazione è confermata, viene registrata sulla blockchain, rendendola praticamente immutabile.

Bitcoin, creato nel 2009 da un'entità anonima conosciuta come Satoshi Nakamoto, è la prima e forse la più famosa delle criptovalute. Nato come esperimento e come risposta alla crisi finanziaria del 2008, Bitcoin mirava a offrire una forma di moneta immune dalla manipolazione dei governi e delle banche centrali. Col passare del tempo, ha guadagnato sia critici che sostenitori appassionati, ma ciò che è innegabile è il suo impatto nel plasmare l'intero ecosistema delle criptovalute.

Dopo Bitcoin, molte altre criptovalute sono emerse, ciascuna con le proprie peculiarità e caratteristiche. Ethereum, ad esempio, ha introdotto l'idea di contratti intelligenti, permettendo alle persone di creare applicazioni decentralizzate sulla sua piattaforma. Altre monete, come Ripple o Litecoin, offrono variazioni sul tema, cercando di migliorare l'efficienza, la velocità o la privacy delle transazioni.

Le criptovalute offrono molti vantaggi potenziali:

Decentralizzazione: Riducono la necessità di intermediari, come banche o processori di pagamento.

Trasparenza: Tutte le transazioni sono registrate sulla blockchain, garantendo una trasparenza senza precedenti.

Sicurezza: La crittografia avanzata rende estremamente difficile, se non impossibile, falsificare o alterare le transazioni.

Accessibilità: In teoria, chiunque con una connessione Internet può avere accesso a criptovalute, offrendo opportunità finanziarie in aree prive di infrastrutture bancarie tradizionali.

Tuttavia, ci sono anche sfide da considerare:

Volatilità: I prezzi delle criptovalute possono essere estremamente volatili, rendendo rischioso l'investimento.

Complessità: La comprensione e l'utilizzo di criptovalute richiedono una certa curva di apprendimento.

Regolamentazione: Mentre alcune persone vedono la mancanza di regolamentazione come un vantaggio, può anche portare a sfide legali e incertezza.

Guardando al Futuro

Le criptovalute stanno sfidando molte delle nostre concezioni tradizionali di moneta e valore. Mentre il loro futuro esatto rimane avvolto da un velo di incertezza, ciò che è chiaro è che rappresentano una frontiera emozionante e in continua evoluzione del mondo finanziario. Essere informati e mantenere una mentalità aperta potrebbe essere la chiave per navigare con successo in questo paesaggio in rapida trasformazione. E mentre esploriamo le profondità di questo ecosistema, potremmo anche riscoprire e ridefinire cosa significa veramente il concetto di "valore" in un'era digitale.

Capitolo 7.1

"La Digitalizzazione del Mondo: Oltre la Superficie"

Viviamo in un'epoca in cui la digitalizzazione ha permeato quasi ogni aspetto della nostra vita quotidiana. Dal modo in cui comunicano, alle transazioni bancarie, alla lettura delle notizie, i progressi tecnologici stanno modellando in modo decisivo la struttura del nostro mondo. Ma cosa significa veramente "digitalizzazione"? E quali sono le reali implicazioni di questa ondata di cambiamento che sta rivoluzionando la nostra società?

In termini semplici, la digitalizzazione può essere definita come il processo di conversione di informazioni da un formato analogico a uno digitale. Tuttavia, questa definizione può sembrare troppo semplicistica quando si considera l'ampiezza e la profondità dell'effetto di questo fenomeno. Va oltre la mera conversione di dati; riguarda la creazione di nuovi modi di interagire con il mondo, l'elaborazione di informazioni e la connessione con gli altri.

La digitalizzazione ha creato un mondo dove la connettività è alla base di quasi tutto. Questa interconnessione va ben oltre la comunicazione personale. Ad esempio, l'Internet delle Cose (IoT) ha reso possibile per gli oggetti quotidiani, come elettrodomestici e veicoli, connettersi e comunicare tra loro, aprendo nuove frontiere di efficienza e possibilità.

Con l'avvento di piattaforme digitali, il concetto stesso di lavoro e ufficio è cambiato. Molti professionisti ora hanno la flessibilità di lavorare da qualsiasi luogo, pur mantenendo un alto grado di produttività. L'educazione, allo stesso modo, ha assistito a una metamorfosi con l'emergere di piattaforme di apprendimento online, rendendo l'istruzione accessibile a chiunque abbia una connessione internet.

La digitalizzazione offre numerosi vantaggi:

Efficienza: L'automazione di molti processi ha ridotto la necessità di interventi manuali, accelerando operazioni che una volta richiedevano ore o giorni.

Accessibilità: Informazioni, servizi e risorse sono ora accessibili con pochi clic, indipendentemente dalla posizione geografica.

Personalizzazione: La capacità di analizzare grandi quantità di dati ha permesso una personalizzazione senza precedenti nelle esperienze degli utenti, dai suggerimenti musicali agli annunci pubblicitari.

Tuttavia, con questi vantaggi arrivano anche nuove sfide:

Sicurezza: La crescente quantità di dati online ha portato a preoccupazioni sulla sicurezza e sulla privacy delle informazioni.

Dipendenza tecnologica: L'affidabilità alla tecnologia può portare a problemi quando questa fallisce o viene compromessa.

Disparità digitale: Nonostante la crescente digitalizzazione, non tutti hanno accesso alle risorse e alle competenze necessarie per navigare in questo nuovo mondo.

Mentre la digitalizzazione avanza, è essenziale riflettere non solo sui cambiamenti tangibili che porta, ma anche sulle implicazioni più profonde per la società, la cultura e l'individuo. Come interagiamo, come definiamo il valore e come concepiamo il progresso sono tutte domande che stanno diventando sempre più rilevanti.

Nel viaggio attraverso questa epoca di rapida evoluzione, è cruciale non solo adottare e adattarsi alla tecnologia, ma anche comprendere e interrogarsi su ciò che significa per il tessuto stesso della nostra esistenza. Mentre ci immergiamo ulteriormente in questo capitolo, esploreremo come la digitalizzazione sta influenzando specificamente settori come l'arte, la cultura e la società, offrendo una panoramica completa del suo impatto e delle sue potenzialità.

Capitolo 7.2

"L'Arte Nell'Era Digitale: Creatività senza Confini"

Con l'avvento della digitalizzazione, il panorama artistico ha subito una metamorfosi radicale. Se un tempo l'arte era vincolata da limitazioni fisiche e geografiche, ora l'era digitale ha spalancato le porte a infinite possibilità creative, trasformando non solo come viene creata l'arte, ma anche come viene percepita, condivisa e valorizzata.

La tecnologia ha introdotto strumenti e piattaforme che permettono agli artisti di esplorare nuovi orizzonti nella loro espressione creativa. Software di progettazione grafica, modellazione 3D, realtà virtuale e aumentata sono solo alcune delle risorse ora a disposizione degli artisti. Questi strumenti, uniti all'immensità del web, offrono una piattaforma senza precedenti per la sperimentazione e l'innovazione.

Prima dell'avvento del digitale, l'accesso all'arte era spesso limitato a gallerie, musei e eventi dal vivo. Oggi, piattaforme come Instagram, Pinterest o siti web personalizzati permettono agli artisti di condividere il loro lavoro con un pubblico globale in tempo reale. Questa immediatezza ha anche introdotto un nuovo livello di interazione tra artista e osservatore, rendendo l'arte un'esperienza più collaborativa e dinamica.

 La realtà virtuale (VR) e la realtà aumentata (AR) stanno rivoluzionando il modo in cui fruiamo l'arte. Musei e gallerie stanno sperimentando tour virtuali, permettendo alle persone di immergersi in collezioni d'arte da tutto il mondo senza mai lasciare la propria casa. Gli artisti, a loro volta, stanno sfruttando queste tecnologie per creare esperienze immersive che sfidano le tradizionali nozioni di spazio e percezione.

Mentre la digitalizzazione ha reso l'arte più accessibile, ha anche portato a nuove sfide in termini di valutazione e autenticità. Con la facilità di riproduzione digitale, come può un pezzo mantenere il suo valore? La risposta potrebbe risiedere nella blockchain, una tecnologia che permette di tracciare e autenticare opere d'arte in modo sicuro, garantendo autenticità e provenienza.

L'arte ha sempre riflettuto i tempi in cui viene prodotta, e l'era digitale non fa eccezione. Oltre alla sperimentazione con nuovi medium, gli artisti stanno anche esplorando temi intrinsecamente legati alla nostra esistenza digitale: questioni di privacy, l'interconnessione del mondo online, l'intelligenza artificiale e la natura stessa della realtà in un'epoca dominata dal digitale.

In conclusione, l'arte nell'era digitale rappresenta un confluire di tradizione e innovazione. Mentre gli artisti sfruttano la tecnologia per spingere i confini della creatività, rimangono fedeli all'essenza dell'arte come mezzo per esplorare e commentare la condizione umana. Mentre procediamo in questo viaggio di scoperta, vedremo come altri settori, dalla cultura alla scienza, siano stati influenzati e trasformati dalla digitalizzazione, offrendo una visione olistica di un mondo in continua evoluzione.

Capitolo 7.3

"Il Potere della Connettività: Costruire Ponti in un Mondo Digitale"

Il mondo digitale ha portato alla ribalta il concetto di connettività. La capacità di connettersi con individui, informazioni e risorse da ogni angolo del globo ha cambiato radicalmente il modo in cui viviamo, lavoriamo e ci relazioniamo. In questo contesto, esaminiamo come la connettività ha creato nuove opportunità e sfide, fondendo culture e idee e plasmando la società del XXI secolo.

Solo pochi decenni fa, la nostra capacità di comunicare era limitata dal tempo e dalla distanza. Oggi, con l'esplosione dei social media, delle piattaforme di videochiamata e delle app di messaggistica, la distanza non è più un ostacolo. Questa interconnessione ha avuto un impatto profondo, permettendo la condivisione di idee, esperienze e storie in modo istantaneo, arricchendo la nostra comprensione delle diverse culture e sfaccettature del mondo.

La connettività non ha solo influenzato le nostre interazioni personali, ma ha anche creato nuovi modelli di lavoro e collaborazione. Team distribuiti in diverse parti del mondo ora lavorano insieme in tempo reale, portando una diversità di prospettive che alimenta l'innovazione. Questo modello ha dato vita a prodotti, servizi e soluzioni che riflettono le necessità e le aspirazioni di una comunità globale.

Con la crescente esposizione a diverse culture, tradizioni e modi di pensare, c'è stata una fusione e un adattamento delle identità culturali. La musica, l'arte, il cibo e persino le mode si sono fusi e riadattati in nuovi modi, dando vita a espressioni uniche che celebrano la diversità e al tempo stesso creano un senso di unità.

Tuttavia, la connettività non è senza le sue sfide. L'accesso a informazioni illimitate ha anche portato alla diffusione di disinformazione. Inoltre, mentre la tecnologia ha avvicinato molte persone, ha anche creato divisioni, con alcune comunità che si sentono escluse o travolte dall'accelerato ritmo del cambiamento. Questo solleva importanti domande sulla responsabilità nella gestione e condivisione delle informazioni e sulla creazione di un ambiente digitale inclusivo.

Mentre guardiamo al futuro, la connettività continuerà ad avere un ruolo cruciale nel plasmare il nostro mondo. L'avvento di tecnologie come l'Internet delle Cose (IoT), che connette oggetti fisici alla rete, e l'evoluzione delle reti 5G e oltre, promettono di portare la connettività a nuovi livelli, rendendo ogni aspetto della nostra vita interconnesso.

In sintesi, la connettività ha trasformato il nostro modo di vivere, creando un mosaico di esperienze e opportunità. Ha portato alla ribalta la potenza della collaborazione e ha sottolineato l'importanza dell'inclusività e della responsabilità. Mentre avanziamo nel XXI secolo, è essenziale riflettere su come possiamo utilizzare questa connettività per costruire ponti, anziché barriere, e creare un mondo più unito e armonioso.

Capitolo 7.4

"Verso un Futuro Sostenibile: L'importanza delle Scelte Tecnologiche"

Nel XXI secolo, le tecnologie dominano ogni aspetto della nostra vita. Dai telefoni intelligenti ai veicoli elettrici, dalla medicina di precisione all'intelligenza artificiale, siamo testimoni di una rivoluzione tecnologica che ha il potenziale di plasmare il futuro del nostro pianeta. Tuttavia, queste innovazioni portano con sé non solo opportunità, ma anche responsabilità. Ora più che mai, è imperativo riflettere sulle scelte tecnologiche che facciamo e sul loro impatto sulla sostenibilità globale.

Se da un lato la tecnologia ha migliorato la qualità della vita, dall'altro, l'industrializzazione e la produzione di massa hanno contribuito all'esaurimento delle risorse e ai cambiamenti climatici. La produzione di dispositivi elettronici, ad esempio, ha un pesante bilancio ambientale in termini di consumo di risorse, energia e produzione di rifiuti.

Tuttavia, la tecnologia può anche giocare un ruolo chiave nel guidare soluzioni sostenibili. L'energia rinnovabile, come il solare e l'eolico, sta diventando sempre più economica e accessibile, offrendo una via d'uscita dalla dipendenza dai combustibili fossili. La domotica e gli edifici intelligenti ottimizzano l'uso dell'energia, riducendo sprechi e costi. La digitalizzazione ha anche diminuito la necessità di viaggi, riducendo l'impronta di carbonio associata ai trasporti.

Un altro concetto emergente che promette un futuro più sostenibile è l'economia circolare. A differenza dell'approccio tradizionale "estrai, produci, getta", l'economia circolare mira a creare sistemi in cui le risorse vengono riutilizzate e riciclate continuamente. Qui, la tecnologia può svolgere un ruolo cruciale: dalla tracciabilità dei prodotti attraverso blockchain, alla progettazione di prodotti più duraturi e facilmente riciclabili.

Le grandi aziende tecnologiche, in particolare, hanno una responsabilità significativa nell'orientare il futuro verso la sostenibilità. Le loro scelte in termini di design, produzione e distribuzione influenzano interi settori e popolazioni. Adottando pratiche sostenibili, possono fungere da esempio per altre imprese e stimolare un cambiamento positivo su vasta scala.

Nonostante la grande influenza delle corporazioni, ogni individuo ha il potere di fare la differenza attraverso le proprie scelte quotidiane. Scegliendo prodotti ecologici, supportando aziende responsabili e utilizzando la tecnologia in modo etico, possiamo tutti contribuire a plasmare un futuro più verde.

In conclusione, mentre la tecnologia ha certamente presentato sfide in termini di sostenibilità, ha anche offerto strumenti inestimabili per affrontare queste questioni. L'intersezione di innovazione e sostenibilità detterà la traiettoria del nostro pianeta per le generazioni future. Imbracciando una visione consapevole e proattiva, possiamo assicurarci che le meraviglie tecnologiche del nostro tempo servano non solo per migliorare la nostra vita quotidiana, ma anche per garantire la prosperità a lungo termine del nostro mondo.

Capitolo 7.5

"La Responsabilità Sociale nell'Età della Tecnologia: La Strada da Percorrere"

Mentre siamo testimoni della straordinaria portata delle tecnologie emergenti e delle loro potenzialità, è fondamentale riflettere su come queste possano essere utilizzate in modo responsabile per garantire un futuro equo per tutti. La tecnologia, nella sua essenza, è uno strumento. E come ogni strumento, può essere utilizzato per costruire o per distruggere. Il punto centrale della questione è: come ci assicuriamo che venga utilizzata per costruire società più giuste e inclusive?

Prendiamo ad esempio l'intelligenza artificiale (IA). Se progettata senza tener conto delle diversità e delle specifiche necessità di ogni individuo, l'IA può rafforzare pregiudizi e disparità esistenti. Ma se sviluppata con un focus sulla parità, può offrire soluzioni personalizzate e migliorare l'accesso a servizi essenziali, come l'istruzione e la sanità, per tutti.

Un altro aspetto cruciale è l'accesso alla tecnologia. Sebbene viviamo in un'era in cui sembra che tutti siano connessi, vasti settori della popolazione globale sono ancora esclusi dal digitale. Per molte persone, la connettività non è un lusso, ma una necessità per l'istruzione, il lavoro e la partecipazione civica. Garantire che ogni individuo abbia accesso alle tecnologie e alle competenze necessarie per utilizzarle diventa quindi una responsabilità collettiva.

La raccolta e l'analisi dei dati hanno rivoluzionato il modo in cui le aziende operano e interagiscono con i clienti. Tuttavia, la crescente interconnessione tra vita offline e online solleva preoccupazioni legate alla privacy. Gli individui devono avere il controllo sui propri dati e la capacità di decidere chi può accedervi e in quale modo. Trovare un equilibrio tra l'innovazione guidata dai dati e il rispetto della privacy individuale è un imperativo etico.

Nell'età digitale, le comunità online stanno diventando altrettanto influenti quanto quelle fisiche. Questi spazi virtuali hanno il potere di connettere persone da tutto il mondo, indipendentemente dalla geografia. Tuttavia, è essenziale garantire che questi spazi siano inclusivi, sicuri e rispettosi. Le piattaforme tecnologiche devono lavorare attivamente per prevenire la diffusione di odio, disinformazione e abuso.

Incoraggiare un uso responsabile e consapevole della tecnologia inizia dall'istruzione. Gli educatori svolgono un ruolo cruciale nell'equipaggiare le nuove generazioni con le competenze digitali e la consapevolezza etica necessarie. Non si tratta solo di insegnare a usare uno strumento, ma di comprendere le implicazioni sociali, etiche ed economiche delle decisioni tecnologiche.

In sintesi, mentre la tecnologia continua a plasmare il tessuto della nostra società, la responsabilità sociale rimane al centro della discussione. Ogni innovazione porta con sé nuove opportunità e sfide. E' fondamentale avere una visione olistica, valutando non solo i benefici tangibili, ma anche l'impatto sul tessuto sociale. Attraverso un impegno collettivo, possiamo garantire che la rivoluzione tecnologica si traduca in un progresso equo e sostenibile per tutti.

Capitolo 8.1

"Verso una Nuova Convergenza: La Sinergia tra Umano e Macchina"

In un mondo in cui la tecnologia si evolve con una rapidità senza precedenti, è facile essere travolti dalla miriade di innovazioni che ci circondano. Una delle discussioni più rilevanti dell'attuale panorama tecnologico riguarda la relazione tra l'essere umano e la macchina. Non si tratta più di considerare l'uomo e la tecnologia come entità separate, ma piuttosto di esplorare come queste due realtà possano convergere per creare un'entità sinergica.

All'inizio dell'era dell'automazione, le macchine erano viste come sostituti del lavoro umano. Gli automi meccanici, per esempio, erano utilizzati per replicare e automatizzare compiti ripetitivi. Tuttavia, con l'avanzare della tecnologia, abbiamo iniziato a capire che la vera forza risiede nella collaborazione. Gli esseri umani possiedono creatività, intuizione ed empatia, capacità che le macchine, almeno per ora, non possono eguagliare. D'altro canto, le macchine sono in grado di processare enormi quantità di dati in tempi brevissimi, eseguire compiti con precisione millimetrica e operare senza stancarsi.

La vera magia si manifesta quando queste due entità lavorano insieme. Prendiamo, ad esempio, il settore sanitario. I medici utilizzano la tecnologia per ottenere diagnosi più accurate analizzando una quantità di dati che sarebbe impossibile per un essere umano. Queste informazioni, combinate con la profonda comprensione umana del paziente, permettono di fornire cure migliori e più personalizzate.

In campo artistico, molte opere moderne sfruttano la potenza computazionale per creare esperienze immersive. Artisti e creatori si avvalgono di software avanzati per dar vita alle loro visioni, con una precisione e una scala mai viste prima. Tuttavia, l'essenza dell'opera, l'emozione e la storia che essa racconta, nascono dalla mente umana.

Piuttosto che vedere la tecnologia come un sostituto, è ora il momento di considerarla come un ampliamento delle nostre capacità. Indossabili come gli smartwatch non sono solo strumenti per controllare le notifiche o monitorare l'attività fisica; possono anche rilevare anomalie nel battito cardiaco o aiutarci a gestire lo stress. Questi dispositivi, pur essendo macchine, si integrano nelle nostre vite quotidiani, arricchendo la nostra esperienza umana.

Mentre ci avviciniamo a una maggiore convergenza tra uomo e macchina, diventa essenziale riformulare l'educazione. Le nuove generazioni devono essere equipaggiate non solo con competenze tecnologiche, ma anche con la capacità di integrare queste competenze in un contesto umano. La formazione dovrebbe incentrarsi sull'insegnare ai giovani come usare la tecnologia in modo etico, responsabile e creativo.

In conclusione, la relazione tra esseri umani e macchine sta entrando in una nuova fase. Non si tratta più di un semplice rapporto di "lavoratore e strumento", ma di una collaborazione profonda che ha il potere di ampliare ciò che siamo e ciò che possiamo fare. Accogliendo questa convergenza con mente aperta e spirito collaborativo, possiamo navigare il futuro con ottimismo, sicuri che l'unione di uomo e macchina porterà a innovazioni e progressi ancora inimmaginabili.

Capitolo 8.2

"La Frontiera del Potenziamento Umano: Tra Sogni e Realtà"

Nel viaggio tra la convergenza di umano e macchina, uno degli argomenti più intriganti è il potenziamento umano. Cosa significa realmente potenziare un individuo? A che punto la tecnologia si inserisce in questo concetto? E, forse la domanda più cruciale, quali sono i limiti etici e morali di tale pratica?

Il potenziamento può essere definito come qualsiasi tentativo di superare le attuali capacità umane, sia che si tratti di migliorare le nostre funzioni cognitive, fisiche o sensoriali. Tali miglioramenti possono derivare da tecniche biotecnologiche, come la modifica genetica, o da mezzi tecnologici, come gli impianti neurali.

Uno degli esempi più emblematici di potenziamento è la prospettiva di utilizzare impianti per migliorare le capacità cognitive. Se, da un lato, la tecnologia può offrirci l'opportunità di apprendere informazioni a una velocità mai vista prima, dall'altro, emergono domande legate all'autenticità dell'esperienza umana. Se una persona potesse "scaricare" una nuova lingua nel cervello in pochi secondi, ciò renderebbe meno prezioso il processo di apprendimento?

Mentre le innovazioni tecnologiche offrono spunti affascinanti, la biotecnologia porta il concetto di potenziamento a un altro livello. L'ingegneria genetica, in particolare, ha il potenziale per eliminare malattie ereditarie e potenziare caratteristiche come la forza, l'intelligenza o la longevità. Tuttavia, ciò solleva importanti dilemmi etici. Ad esempio, chi avrà accesso a queste tecnologie avanzate? Creeremo una società divisa tra "migliorati" e "non migliorati"?

È essenziale trovare un equilibrio tra i benefici potenziali del potenziamento e i rischi associati. La storia ci insegna che ogni grande avanzamento porta con sé sia opportunità che sfide. L'energia atomica, per esempio, ha il potere sia di fornire energia pulita che di creare armi devastanti.

Il potenziamento umano, in tutte le sue forme, richiede un approccio olistico. Ciò significa considerare non solo i vantaggi immediati ma anche le implicazioni a lungo termine per la società nel suo complesso. È altresì fondamentale garantire che tali tecnologie siano accessibili e benefiche per tutti, evitando la creazione di ulteriori disparità.

Oltre ai dilemmi etici, il potenziamento umano ha profonde implicazioni sociali e culturali.

Come reagirebbe una società in cui alcune persone sono biologicamente o tecnologicamente "superiori" ad altre? Questa nuova realtà potrebbe influenzare la nostra percezione dell'identità, del merito e del valore dell'esperienza umana.

Il potenziamento umano rappresenta una delle frontiere più avvincenti e contestate del nostro tempo. Mentre le opportunità di superare le nostre limitazioni biologiche sono seducenti, è essenziale affrontare le questioni etiche, sociali e culturali che emergono. Come società, abbiamo il compito di navigare in questo territorio inesplorato con cautela, garantendo che le decisioni prese oggi siano nel miglior interesse dell'umanità di domani. Non dobbiamo mai dimenticare che, nonostante i progressi tecnologici e biotecnologici, ciò che rende preziosa l'esperienza umana è la nostra capacità di connessione, empatia e crescita. E mentre ci avventuriamo verso nuovi orizzonti, dobbiamo assicurarci di portare con noi questi valori fondamentali.

Capitolo 8.3

"Intelligenza Artificiale e Etica: Una Sfida per l'Umanità"

L'intelligenza artificiale (IA) ha fatto passi da gigante negli ultimi anni, promettendo rivoluzioni in settori come la medicina, l'ingegneria, l'arte e persino il quotidiano. Con questo progresso, tuttavia, emergono preoccupazioni etiche fondamentali che richiedono riflessione e azione.

Mentre l'IA offre soluzioni innovative per problemi complessi, porta anche nuovi rischi. Una delle sfide principali è la trasparenza. Molte delle attuali tecnologie IA sono "scatole nere", il che significa che, anche se sappiamo cosa l'IA può produrre, non comprendiamo sempre come raggiunge quelle conclusioni. Questa mancanza di chiarezza può avere gravi implicazioni, ad esempio, quando un algoritmo prende decisioni che influenzano vite umane, come in ambito medico o giuridico.

Un'altra preoccupazione fondamentale è l'introduzione di bias nei sistemi IA. Poiché gli algoritmi apprendono dai dati, se quei dati riflettono pregiudizi esistenti, l'IA potrebbe perpetuarli. Ciò può manifestarsi in molteplici modi, dal riconoscimento facciale che non funziona correttamente su determinati gruppi etnici, alle decisioni di assunzione basate su algoritmi che favoriscono inconsapevolmente un genere o un'etnia.

Man mano che l'IA si sviluppa aumenta anche la sua capacità di operare in modo autonomo. Ma con una maggiore autonomia emerge la domanda: chi è responsabile quando un sistema IA commette un errore? Questo dilemma si estende a molte aree, inclusi i veicoli autonomi e i droni. La chiara attribuzione di responsabilità è fondamentale, non solo per le questioni legali, ma anche per garantire la fiducia nella tecnologia.

L'introduzione dell'etica nella progettazione e sviluppo dell'IA è essenziale. Ciò significa non solo codificare principi etici nei sistemi, ma anche garantire che le persone che creano l'IA siano formate eticamente. La diversità nel settore dell'IA è essenziale per garantire che le tecnologie create siano equilibrate e rappresentative.

Mentre l'IA ha un potenziale straordinario, è fondamentale riconoscere i suoi limiti. Non tutte le soluzioni tecnologiche sono appropriate per ogni problema. Inoltre, non dobbiamo permettere che la nostra fiducia nell'IA offuschi la comprensione e l'apprezzamento della complessità e profondità dell'esperienza umana.

Man mano che ci avventuriamo in questa nuova era dell'IA, è imperativo avere un dialogo aperto e continuo su queste questioni etiche. Questo dialogo dovrebbe includere una vasta gamma di voci: ingegneri, filosofi, artisti, legislatori e, soprattutto, il pubblico in generale.

L'interazione tra intelligenza artificiale ed etica rappresenta una delle sfide più significative e stimolanti del nostro tempo. Garantire che l'IA operi in modo etico non è solo una questione di programmazione o regolamentazione; è una questione di direzione per l'umanità. Mentre ci impegniamo a navigare in questo territorio inesplorato, dobbiamo riflettere su ciò che valore abbiamo come individui e come società e garantire che la tecnologia che creiamo rifletta e rispetti questi valori. L'IA può offrire strumenti straordinari per migliorare il mondo, ma il compito di usarli saggiamente e benevolmente ricade su tutti noi.

Capitolo 8.4

"L'IA e l'Economia: Opportunità e Sfide della Quarta Rivoluzione Industriale"

Mentre l'Intelligenza Artificiale continua a plasmare e definire molte aree della nostra vita, la sua incidenza sull'economia globale è di particolare rilevanza. L'IA, come catalizzatore della quarta rivoluzione industriale, ha il potenziale di reinventare interi settori, creare nuove professioni e ridefinire le modalità di produzione e distribuzione. Ma come ogni grande rivoluzione, porta con sé tanto promesse quanto sfide.

Grazie all'IA, industrie tradizionali come l'agricoltura e la manifattura stanno subendo profonde trasformazioni. L'agricoltura di precisione utilizza l'IA per ottimizzare le rese e ridurre gli sprechi, mentre la produzione avanzata sfrutta robot e automazione per creare prodotti più rapidamente e con precisione. Questa evoluzione non solo ottimizza la produzione, ma crea anche prodotti e servizi totalmente nuovi che si adattano meglio alle esigenze dei consumatori.

Con l'evoluzione dell'IA, molte professioni tradizionali sono destinate a scomparire o a trasformarsi. Tuttavia, ciò non implica una diminuzione netta dei posti di lavoro. Piuttosto, stiamo assistendo all'emergere di nuovi ruoli, come ingegneri di apprendimento automatico, specialisti di etica dell'IA e analisti di dati. Questa transizione richiederà un'ampia riqualificazione e formazione per garantire che la forza lavoro sia preparata per le opportunità emergenti.

L'IA permette alle aziende di offrire servizi più personalizzati ai clienti. Che si tratti di suggerimenti di acquisto online basati sul comportamento passato del cliente o di risposte automatizzate alle query dei clienti, l'IA può migliorare l'efficienza e l'efficacia dell'interazione tra aziende e consumatori. Questo livello di personalizzazione porta a un'esperienza cliente migliore e, spesso, a una maggiore fedeltà al brand.

Una delle principali preoccupazioni riguarda la possibile concentrazione di potere economico nelle mani di poche grandi aziende tecnologiche. Queste aziende, avendo accesso a enormi quantità di dati e risorse per sviluppare tecnologie avanzate, possono avere un vantaggio competitivo sul resto del mercato. Ciò potrebbe limitare l'innovazione e creare monopoli, con conseguenti rischi per la concorrenza e la diversità economica.

Un altro aspetto cruciale è come l'IA può contribuire alla sostenibilità economica. Grazie alla sua capacità di ottimizzare le risorse, l'IA ha il potenziale per rendere le industrie più sostenibili, riducendo gli sprechi e massimizzando l'efficienza. Questo non solo ha benefici economici, ma può anche contribuire alla lotta contro i cambiamenti climatici e altre sfide ambientali.

L'incidenza dell'IA sull'economia è tanto profonda quanto complessa. Mentre porta con sé promesse di maggiore efficienza, innovazione e nuove opportunità, presenta anche sfide che richiedono riflessione e azione. È fondamentale per i decisori politici, i leader aziendali e la società in generale collaborare per garantire che la quarta rivoluzione industriale, guidata dall'IA, benefichi tutti e non solo una minoranza privilegiata. Solo attraverso una visione condivisa e uno sforzo collaborativo possiamo sperare di costruire un futuro economico equo, inclusivo e sostenibile.

Capitolo 8.5

"La Relazione tra Uomo e Macchina nell'Era dell'IA8.5 La Relazione tra Uomo e Macchina nell'Era dell'IA"

Nel cuore dell'evoluzione tecnologica c'è un dibattito fondamentale: come cambierà la relazione tra l'essere umano e la macchina con l'avvento e la diffusione dell'Intelligenza Artificiale? Questo interrogativo, lungi dall'essere puramente teorico, ha profonde implicazioni pratiche, sociali ed etiche.

Nell'ambito lavorativo, educativo e nella vita quotidiana, l'interazione con le macchine diventa sempre più sofisticata. Più che semplici strumenti, le macchine basate sull'IA sono ora capaci di apprendere, adattarsi e anticipare alcune delle nostre esigenze. Questa evoluzione va ben oltre la semplice automazione: rappresenta una collaborazione in cui l'IA può comprendere e rispondere alle sfumature umane, come il tono della voce o le espressioni facciali.

Se in passato la tecnologia era vista come un mezzo per svolgere compiti specifici, ora l'IA ha il potenziale per diventare un vero e proprio partner. Questo cambiamento di prospettiva comporta la necessità di sviluppare una nuova "alfabetizzazione digitale", in cui l'essere umano apprende non solo come utilizzare la tecnologia, ma anche come lavorare al suo fianco. Le future generazioni potrebbero veder crescere la propria formazione in simbiosi con l'IA, una collaborazione in cui entrambi, uomo e macchina, si arricchiscono a vicenda.

Se da un lato l'IA può migliorare la nostra capacità decisionale analizzando enormi quantità di dati in tempi rapidi, dall'altro emergono domande fondamentali sul ruolo delle macchine nelle decisioni che riguardano la vita umana. Chi sarà responsabile se un'IA, addestrata con l'obiettivo di salvare vite, dovesse prendere una decisione controversa in una situazione di emergenza? Queste questioni sollevano la necessità di una riflessione approfondita su come vogliamo che l'IA influenzi, o non influenzi, le decisioni cruciali.

Piuttosto che vedere l'IA come una minaccia, possiamo immaginarla come un'estensione delle nostre capacità. Con la giusta guida, l'IA può essere un potente amplificatore delle nostre capacità cognitive, creative e decisionali. Tuttavia, ciò richiede una chiara comprensione dei limiti dell'IA e dei valori e obiettivi umani che desideriamo preservare e potenziare.

Per garantire una relazione sana e produttiva tra uomo e macchina, è essenziale che ci sia una co-evoluzione. Mentre l'IA si sviluppa e si adatta, anche la società, la cultura e l'istruzione devono evolversi. Questo processo reciproco assicurerà che l'Intelligenza Artificiale rimanga uno strumento al servizio dell'umanità, piuttosto che una forza incontrollata.

La relazione tra uomo e macchina nell'era dell'IA è un terreno inesplorato, ricco di potenzialità ma anche di sfide. La chiave per navigare in questo nuovo paesaggio sta nell'approccio: vedendo l'IA come un partner, piuttosto che come un sostituto, possiamo intravedere un futuro in cui l'essere umano e la macchina lavorano insieme per costruire un mondo migliore, rispettando i valori fondamentali dell'umanità e sfruttando al massimo le capacità dell'IA. La via da percorrere è ancora lunga, ma con riflessione, collaborazione e innovazione, le possibilità sono infinite.

Capitolo 9.1

"Le Frontiere dell'IA: Sogni e Realtà"

In un mondo in cui la relazione tra uomo e macchina si intensifica, le frontiere dell'Intelligenza Artificiale rappresentano un territorio vasto e in continua evoluzione. Come ogni frontiera, c'è un mix di entusiasmo, aspettative e anche paure sul ciò che il futuro potrebbe riservarci. Esaminare le potenziali direzioni di sviluppo dell'IA ci aiuta a navigare in questo paesaggio in modo informato e proattivo.

È innegabile che l'IA sia diventata una parola d'ordine in molte industrie. Spesso, ciò che viene venduto come "AI-driven" è semplicemente una forma avanzata di automazione. Capire la differenza tra ciò che è marketing e ciò che è un autentico progresso tecnologico è fondamentale. Questo discernimento ci permette di investire saggiamente tempo, energia e risorse nei progetti e nelle innovazioni che hanno una reale portata trasformativa.

Molte delle applicazioni dell'IA che vediamo oggi sono forme di "intelligenza stretta", cioè sistemi progettati per eseguire un compito specifico. Tuttavia, l'obiettivo finale per molti ricercatori è l'Intelligenza Artificiale Generale (AGI), una forma di IA che può eseguire qualsiasi compito intellettuale che un essere umano può fare. Mentre l'AGI è un obiettivo ambizioso, è importante notare che ci troviamo ancora agli albori di questa realtà. La strada verso l'AGI è disseminata di sfide tecniche, etiche e filosofiche.

L'IA di oggi si nutre di dati. Il boom dei big data ha offerto un terreno fertile per l'addestramento di algoritmi sempre più sofisticati. Ma con questo afflusso di informazioni, emergono nuovi dilemmi. Da dove provengono questi dati? Sono rappresentativi? Sono privi di pregiudizi? La qualità e l'integrità dei dati sono essenziali per garantire che le decisioni prese dall'IA siano giuste ed eque.

Con l'avvento di sistemi di IA sempre più integrati nella nostra vita quotidiana, le questioni etiche diventano predominanti. Che si tratti di un'auto senza conducente che deve prendere decisioni in frazioni di secondo o di un sistema di raccomandazione che influisce sulle nostre scelte quotidiane, è essenziale instaurare un dialogo su cosa significhi per un algoritmo "prendere una decisione". Chi è responsabile? E su quali criteri si basano queste decisioni?

Guardando al futuro, è essenziale che l'umanità si muova con un mix di curiosità e cautela. La promessa dell'IA è grande, ma è fondamentale che venga sviluppata e implementata in modo che rifletta e rispetti i valori fondamentali della società. Inoltre, come ogni strumento, l'IA è neutra: il suo valore deriva dal modo in cui viene utilizzata.

Le frontiere dell'IA sono vaste e ricche di potenziale. Mentre esploriamo queste nuove terre, è nostra responsabilità farlo con intenzionalità, assicurandoci che le innovazioni dell'IA siano al servizio dell'umanità e non contro di essa. L'avventura è appena iniziata e le scelte che facciamo oggi influenzeranno profondamente il nostro domani.

Capitolo 9.2

"Integrazione dell'IA nella Vita Quotidiana: Opportunità e Sfide"

Mentre ci avventuriamo nel profondo dell'intelligenza artificiale, diventa evidente quanto profondamente essa sia già integrata nella nostra vita quotidiana. Dalle applicazioni sui nostri smartphone alle soluzioni di automazione domestica, l'IA ci circonda, spesso in modi che potremmo non riconoscere immediatamente. Ma con questa penetrazione pervasiva, emergono sia opportunità che sfide.

Molte delle applicazioni più efficaci dell'IA sono quelle che lavorano silenziosamente in background, senza che ce ne accorgiamo. Pensiamo ai suggerimenti di ortografia mentre scriviamo un messaggio o alle raccomandazioni personalizzate quando facciamo shopping online. Questa invisibilità può essere una doppia lama: da un lato, offre un'esperienza utente fluida; dall'altro, può renderci meno consapevoli del grado in cui l'IA influisce sulle nostre decisioni e comportamenti.

Una delle principali opportunità offerte dall'IA è la personalizzazione. Che si tratti di playlist musicali, notizie o shopping, l'IA può adattarsi alle nostre preferenze e abitudini, offrendo un'esperienza su misura. Tuttavia, questa personalizzazione ha un costo: la nostra privacy. Per fornire suggerimenti accurati, le piattaforme devono raccogliere e analizzare enormi quantità di dati sui nostri comportamenti. Questo solleva preoccupazioni legittime sulla sicurezza dei dati, sul consenso e sul controllo che abbiamo sulle nostre informazioni personali.

Dal monitoraggio del consumo energetico nelle nostre case alla gestione ottimizzata del traffico nelle città, l'IA ha il potenziale di rendere la nostra vita quotidiana più efficiente e sostenibile. Sistemi intelligenti possono aiutare a ridurre gli sprechi, migliorare la logistica e creare ambienti più responsabili dal punto di vista ambientale.

Mentre l'IA può personalizzare le nostre esperienze per adattarsi alle nostre preferenze, ciò può anche portare alla creazione di "bolle di filtri", in cui veniamo esposti solo a informazioni e opinioni che rafforzano le nostre credenze esistenti. Questo fenomeno può limitare la nostra esposizione a prospettive diverse e ridurre la nostra capacità di pensare in modo critico e aperto.

Nonostante le molteplici sfide, l'IA ha il potenziale di amplificare le nostre capacità umane, piuttosto che sostituirle. Che si tratti di assistenti virtuali che gestiscono compiti di routine o di sistemi di apprendimento personalizzato che si adattano ai bisogni di ogni studente, l'IA può agire come un estensore delle nostre capacità, permettendoci di concentrarci su ciò che fa di noi esseri unicamente umani: creatività, empatia e innovazione.

L'incorporazione dell'IA nella nostra vita quotidiana non è un evento futuro, ma una realtà attuale. Mentre abbracciamo le opportunità offerte da questa tecnologia, dobbiamo anche essere vigili e critici. È essenziale fare scelte informate, sia come individui che come società, sul modo in cui permettiamo all'IA di plasmare la nostra esperienza quotidiana.

In definitiva, l'IA è uno strumento, e il suo valore risiede nel modo in cui lo utilizziamo. Attraverso la comprensione, l'educazione e l'etica, possiamo assicurarci che l'IA sia integrata nella nostra vita in modo che arricchisca, piuttosto che diminuisca, la nostra esperienza umana.

Capitolo 9.3

"L'Intelligenza Artificiale e la Ridefinizione del Lavoro Umano"

Il paesaggio lavorativo è sempre stato un campo in evoluzione. Tuttavia, con l'ascesa dell'intelligenza artificiale, stiamo assistendo a cambiamenti di portata e velocità senza precedenti. La questione non è più se l'IA influenzerà il nostro lavoro, ma piuttosto come e in che misura. Esaminiamo le molteplici facce di questa trasformazione.

È facile cadere nella trappola di pensare che l'IA sia qui per prendere il nostro posto. In realtà, in molti settori, l'IA sta agendo come un complemento alle abilità umane. Per esempio, nell'assistenza sanitaria, sistemi di IA sono impiegati per analizzare immagini mediche con una precisione sorprendente, ma sono i medici che prendono le decisioni finali basate su tali analisi, tenendo conto del contesto clinico e della storia del paziente.

La tecnologia di IA può essere utilizzata per amplificare le capacità umane piuttosto che sostituirle. Nella produzione, per esempio, gli esoscheletri assistiti da IA possono aiutare i lavoratori a sollevare carichi pesanti, riducendo il rischio di infortuni e aumentando l'efficienza. Inoltre, l'IA può fornire formazione personalizzata, permettendo ai lavoratori di acquisire nuove competenze più rapidamente ed efficacemente.

Mentre l'IA ha mostrato una notevole capacità nell'automatizzare compiti ripetitivi, le competenze unicamente umane, come la creatività, l'empatia e il pensiero critico, rimangono al di fuori della sua portata. Questo significa che molti lavori che richiedono tali competenze sono meno suscettibili di essere automatizzati. Gli artisti, i terapeuti, gli educatori e molti altri professionisti continueranno a svolgere ruoli essenziali nella società.

Con l'IA che cambia rapidamente le dinamiche del posto di lavoro, la formazione continua diventa essenziale. Non si tratta solo di acquisire competenze tecniche, ma anche di sviluppare abilità trasversali come la capacità di adattarsi, la risoluzione di problemi e la comunicazione efficace. La formazione dovrebbe diventare un impegno a vita, piuttosto che qualcosa che si conclude con l'istruzione formale.

Mentre l'IA offre notevoli opportunità, presenta anche sfide. Ci sono preoccupazioni legittime riguardo al fatto che l'automazione possa portare a una maggiore disuguaglianza economica, con coloro che possiedono e controllano le tecnologie che traggono enormi benefici, mentre altri potrebbero essere lasciati indietro. È essenziale affrontare queste sfide, garantendo che i benefici dell'IA siano distribuiti equamente nella società.

Con l'impatto dell'IA sul lavoro, potrebbe essere necessario ripensare aspetti fondamentali del nostro contratto sociale, come la durata della settimana lavorativa, la natura dei contratti di lavoro e le strutture di sicurezza sociale. Mentre alcuni lavori potrebbero diventare obsoleti, nuove opportunità emergeranno. Questo richiede una visione proattiva e lungimirante da parte dei decisori politici, dei leader aziendali e delle comunità.

In sintesi, mentre l'intelligenza artificiale sta ridefinendo in modo significativo il concetto di lavoro, offre anche l'opportunità di creare un futuro lavorativo più umano, in cui le macchine prendono in carico compiti ripetitivi e gli esseri umani si concentrano su ciò che fanno meglio. Accogliendo l'IA come un partner piuttosto che come un avversario, possiamo costruire un futuro in cui il lavoro non solo cambia, ma evolve in modi che arricchiscono la nostra esperienza collettiva.

Capitolo 9.4

"L'Intelligenza Artificiale e le Sue Implicazioni Sociali"

L'intelligenza artificiale, nella sua ascesa vertiginosa, non si limita a trasformare il mondo del lavoro: ha anche un impatto profondo e multifaccettato sulla società in generale. Esaminando da vicino le implicazioni sociali dell'IA, è possibile intravedere un futuro dove la tecnologia ha il potere sia di unire che di dividere, di illuminare che di oscurare.

Uno dei principali vantaggi dell'IA è la sua capacità di analizzare grandi quantità di dati e di fornire soluzioni personalizzate. Questo si riflette, ad esempio, nelle raccomandazioni dei servizi di streaming o nei suggerimenti pubblicitari online. Ma questa personalizzazione ha anche un rovescio della medaglia. Sebbene possa migliorare l'esperienza utente, può anche creare camere d'eco, dove le persone vengono esposte solo a informazioni e opinioni che rafforzano le loro credenze preesistenti. Questa polarizzazione può avere ripercussioni significative sul discorso pubblico e sulla coesione sociale.

L'IA ha offerto strumenti straordinari per migliorare la sicurezza, dalla diagnosi di potenziali minacce online alla prevenzione di incidenti nel mondo reale attraverso sistemi di guida autonoma. Tuttavia, l'uso della tecnologia per la sorveglianza, come il riconoscimento facciale, solleva preoccupazioni in materia di privacy e diritti civili. In che misura una società è disposta a sacrificare la propria privacy in cambio di una maggiore sicurezza?

Le applicazioni di IA nel campo della medicina sono rivoluzionarie. Dal riconoscimento precoce delle malattie attraverso l'analisi delle immagini mediche, ai sistemi di supporto alla decisione clinica, l'IA ha il potenziale di migliorare la qualità e l'efficienza dell'assistenza sanitaria. Tuttavia, esistono anche rischi. Ad esempio, la sovra fiducia in sistemi automatizzati potrebbe portare a errori medici. La chiave sta nell'equilibrio tra l'utilizzo dell'IA come strumento e il mantenimento del giudizio umano come ultimo arbitro.

L'IA ha il potenziale per democratizzare l'accesso a informazioni e servizi. Tuttavia, esiste il rischio che possa anche ampliare il divario tra chi ha accesso alle tecnologie e chi ne è escluso. Le comunità già svantaggiate potrebbero rimanere ulteriormente indietro se non vengono adottate misure per garantire un accesso equo e inclusivo alle innovazioni guidate dall'IA.

Mentre l'IA prende decisioni sempre più complesse, sorge una domanda fondamentale: chi è responsabile quando le cose vanno storte? La definizione di linee guida etiche e di meccanismi di responsabilità è essenziale per garantire che l'IA sia utilizzata in modo che benefichi la società nel suo insieme.

Affrontare le sfide poste dall'IA richiede una società che sia resiliente che adattabile. Le istituzioni, sia pubbliche che private, devono essere preparate a evolversi rapidamente, adottando nuovi modelli e approcci in risposta ai cambiamenti. L'istruzione e la formazione continuano a giocare un ruolo cruciale, preparando le persone ad affrontare un mondo in cui l'IA è onnipresente.

In conclusione, l'intelligenza artificiale non è solo una questione tecnologica, ma anche profondamente sociale. Mentre ci avviciniamo a un futuro permeato dall'IA, è fondamentale che le decisioni su come integrare questa tecnologia nella società siano prese collettivamente, con un occhio attento alle potenziali conseguenze e all'importanza di costruire un mondo che rifletta i valori e le aspirazioni di tutti.

Capitolo 9.5

"Futuro dell'Intelligenza Artificiale: Prospettive e Possibilità"

L'avventura dell'intelligenza artificiale sta appena iniziando, e il suo potenziale di trasformazione della società è immenso. Ma come sarà il futuro dell'IA e quali prospettive si aprono per l'umanità? Scopriamo insieme alcune delle tendenze emergenti e delle visioni che potrebbero definire il domani.

L'intelligenza artificiale sarà sempre più integrata in ogni aspetto della nostra vita quotidiana. Non solo come assistenti virtuali o soluzioni software, ma anche in abitazioni intelligenti, trasporti e infrastrutture urbane. Questa integrazione renderà la tecnologia quasi invisibile, trasformandosi in un'estensione naturale della nostra esistenza, migliorando la qualità della vita e rendendo le città più efficienti e vivibili.

L'idea dell'IA come entità separata e autonoma potrebbe diventare obsoleta. In futuro, potremmo vedere forme di intelligenza artificiale progettate specificamente per collaborare con gli esseri umani, ampliando le nostre capacità piuttosto che sostituendosi a noi. Questo approccio collaborativo potrebbe portare a una sinergia in cui l'IA e gli esseri umani lavorano insieme per risolvere problemi complessi, unendo l'analisi dei dati e la logica dell'IA con l'intuizione e la creatività umana.

Le future generazioni di IA saranno capaci di apprendere in modo molto più autonomo, adattandosi rapidamente a nuovi scenari e contesti. Questa capacità di autoapprendimento renderà le macchine più resilienti e flessibili, capaci di operare in ambienti sconosciuti o di fronteggiare situazioni impreviste con una maggiore autonomia.

Con l'aumento delle preoccupazioni globali riguardanti il cambiamento climatico e la sostenibilità, l'IA avrà un ruolo cruciale nel guidare soluzioni ecologicamente sostenibili. Ciò potrebbe includere tutto, dalla gestione ottimizzata delle risorse energetiche, all'analisi delle tendenze climatiche, alla progettazione di sistemi agricoli più efficienti che garantiscano la sicurezza alimentare.

Un argomento che continuerà a dominare le discussioni sul futuro dell'IA è la sua etica. Come garantire che l'intelligenza artificiale operi in modo giusto e imparziale? La necessità di sistemi di IA trasparenti, che possano essere compresi e controllati, diventerà sempre più pressante. Inoltre, si lavorerà per sviluppare framework etici che guidino lo sviluppo e l'implementazione dell'IA, assicurando che operi per il bene di tutti.

La relazione tra intelligenza artificiale e creatività diventerà ancora più stretta. Artisti, musicisti e scrittori potrebbero utilizzare l'IA come strumento per esplorare nuove forme espressive, creando opere che sfidano le nostre percezioni tradizionali di arte e creatività.

Il futuro dell'intelligenza artificiale non è qualcosa che si svolgerà in isolamento, ma in stretta interazione con la società e le sue esigenze. L'obiettivo principale sarà quello di garantire una coesistenza benefica tra l'umanità e la macchina. Questo richiederà una riflessione profonda, innovazione e collaborazione tra diverse discipline. Ma, se affrontato con saggezza e visione, l'IA potrebbe non solo trasformare la tecnologia ma anche arricchire il tessuto stesso della società umana, portando prosperità, innovazione e progresso.

Capitolo 10.1

"Sfidare le Frontiere: Oltre l'IA Tradizionale"

L'evoluzione dell'intelligenza artificiale è stata straordinaria. Da semplici programmi che seguono rigide sequenze di istruzioni, l'IA si è trasformata in sistemi sofisticati capaci di apprendimento profondo, analisi e persino creatività. Ma come ogni progresso tecnologico, l'IA che conosciamo oggi è solo una tappa di un viaggio in continua evoluzione. Esploriamo alcune delle tendenze e dei concetti emergenti che potrebbero definire l'IA di domani, spingendoci oltre i confini dell'IA tradizionale.

Una delle direzioni più entusiasmanti dell'IA moderna è la neuro-informatica, un campo interdisciplinare che combina neuroscienza e informatica. Lo scopo è comprendere in profondità il funzionamento del cervello umano e utilizzare queste conoscenze per ispirare nuovi modelli e architetture per l'intelligenza artificiale. Immaginiamo sistemi di IA che non solo simulano, ma anche emulano aspetti del funzionamento neurale, offrendo capacità di elaborazione e adattamento senza precedenti.

La ricerca in questo campo potrebbe anche portare a interfacce uomo-macchina sempre più avanzate, permettendo una vera e propria fusione tra intelligenza biologica e artificiale. Queste interfacce potrebbero ampliare le capacità cognitive, migliorare la memoria o persino permettere la comunicazione diretta tra cervelli umani e sistemi informatici.

Con i limiti sempre più vicini delle capacità dei computer tradizionali, l'informatica quantistica emerge come una nuova frontiera. L'IA basata su principi quantistici potrebbe risolvere problemi che sono attualmente impossibili per i computer classici, comprese simulazioni incredibilmente dettagliate di sistemi biologici o chimici, ottimizzazione di problemi complessi e analisi di enormi set di dati in frazioni di secondo.

Una tendenza affascinante è quella dell'evoluzione artificiale, in cui l'IA non viene solo programmata, ma evolve attraverso meccanismi ispirati alla selezione naturale. Questo potrebbe portare alla creazione di sistemi che si auto-migliorano continuamente, adattandosi e ottimizzandosi per sfide specifiche.

Analogamente, potremmo assistere allo sviluppo di IA che possono "creare" altre IA, in una sorta di processo di auto-replicazione, dove ogni nuova generazione è più adatta e avanzata della precedente.

Seppur i sistemi di IA possano elaborare enormi quantità di informazioni e apprendere da enormi set di dati, spesso mancano di una comprensione genuina delle emozioni umane. L'incorporazione di una maggiore intelligenza emotiva nell'IA potrebbe rendere le interazioni uomo-macchina più naturali, comprensive e produttive. Questo avrebbe implicazioni profonde non solo nella robotica sociale, ma anche nella sanità, nell'istruzione e in molti altri settori.

La storia dell'intelligenza artificiale è una di continua trasformazione e rinnovamento. Mentre celebriamo i trionfi dell'IA odierna, è essenziale guardare al futuro con occhi aperti e menti curiose, pronti ad accogliere le sfide e le opportunità che ci attendono. Ogni nuova frontiera porta con sé nuove domande, nuove responsabilità e nuovi orizzonti da esplorare. E come sempre, l'obiettivo sarà trovare il giusto equilibrio tra progresso tecnologico e benessere umano, garantendo che l'IA del futuro continui a servire l'umanità in modi sempre più profondi e significativi.

Capitolo 10.2

"La responsabilità etica nell'era avanzata dell'IA"

Nel complesso mondo dell'innovazione tecnologica, la rapida crescita e l'espansione dell'intelligenza artificiale generano una miriade di opportunità. Allo stesso tempo, sollevano una serie di questioni etiche fondamentali che non possono essere trascurate. Mentre si aprono nuovi orizzonti, è cruciale riflettere sulla responsabilità intrinseca nell'utilizzo e nello sviluppo di queste tecnologie.

Con l'emergere di sistemi di IA sempre più avanzati, capace di apprendimento autonomo e decisioni indipendenti, la questione dell'autonomia diventa centrale. La capacità di un sistema di prendere decisioni senza intervento umano solleva la questione: a chi o a cosa affidiamo queste decisioni? E fino a che punto dovremmo permettere a un sistema di operare autonomamente, specialmente quando riguarda aspetti cruciali della vita umana, come la medicina o la sicurezza?

Affianco all'autonomia, vi è la consapevolezza. Se un sistema di IA dovesse acquisire una forma di consapevolezza, quali sarebbero le implicazioni etiche? Ci troviamo di fronte a questioni di "diritti" delle macchine, benessere e dignità che prima erano riservate esclusivamente agli esseri viventi.

La trasparenza nell'IA non è solo una questione tecnica, ma profondamente etica. Gli algoritmi possono spesso operare come "scatole nere", rendendo difficile, se non impossibile, comprendere come vengono prese determinate decisioni. Questa opacità può portare a discriminazioni, pregiudizi e decisioni ingiuste, tutte veicolate dalla macchina. È essenziale che i creatori e gli utilizzatori dell'IA siano in grado di spiegare e giustificare le decisioni prese dai loro sistemi, garantendo equità e giustizia.

Nell'era dell'IA, i dati personali diventano sempre più preziosi. La raccolta, l'analisi e l'utilizzo di questi dati possono portare a profonde violazioni della privacy. Inoltre, l'uso improprio dei dati può alterare o manipolare la nostra percezione e il nostro senso dell'identità. La questione diventa: come bilanciare i benefici dell'analisi dei dati con il rispetto per l'individuo?

La progettazione e l'implementazione di sistemi di IA devono tener conto delle diverse popolazioni e culture.

Un sistema non dovrebbe perpetuare o amplificare pregiudizi esistenti. L'equità nell'IA richiede uno sforzo attivo per garantire che gli algoritmi siano imparziali e che le decisioni siano prese in modo equo e giusto per tutti.

Mentre ci avventuriamo in questa nuova era dell'IA, è imperativo che l'umanità rimanga al centro del dibattito. L'intelligenza artificiale, con tutte le sue potenzialità, deve servire l'umanità e non viceversa. La chiave è promuovere uno sviluppo responsabile e consapevole dell'IA, in cui etica e tecnologia si fondono in una simbiosi armoniosa, garantendo un futuro in cui tecnologia ed etica coesistono in perfetta armonia.

Capitolo 10.3

"L'impatto sociale dell'IA sulla forza lavoro e l'economia"

L'avvento dell'intelligenza artificiale ha trasformato il nostro modo di vivere e lavorare. Le innovazioni tecnologiche, sebbene siano fonte di entusiasmo e potenziale, portano con sé sfide e implicazioni che meritano una riflessione attenta, soprattutto nel contesto della forza lavoro e dell'economia.

L'automazione, guidata da algoritmi sofisticati e robotica avanzata, ha iniziato a penetrare in diversi settori, dalle fabbriche ai servizi clienti. Questo ha condotto a una riduzione dei lavori manuali ripetitivi e a bassa specializzazione, ma ha anche aperto la porta a nuove opportunità di lavoro in campi come la programmazione, l'analisi dei dati e la gestione dei sistemi di IA.

È fondamentale riconoscere che, mentre alcuni lavori potrebbero scomparire, altri nasceranno dalla necessità di gestire, controllare e perfezionare le nuove tecnologie. Ciò richiederà una riconversione e formazione continua da parte dei lavoratori per rimanere rilevanti nel mercato del lavoro in evoluzione.

L'intelligenza artificiale può rappresentare una potente leva di crescita economica. Le aziende che adottano l'IA potrebbero beneficiare di un aumento della produttività, della capacità di innovare e di competere su mercati globali. Tuttavia, il guadagno economico non sarà uniformemente distribuito. Le imprese e le nazioni che si adattano rapidamente e investono nell'IA avranno un vantaggio competitivo, mentre quelle che tardano potrebbero rimanere indietro.

Un effetto collaterale potenziale dell'adozione massiccia dell'IA è l'accentuazione delle disuguaglianze. Se i benefici dell'IA fossero accaparrati da pochi, potrebbero emergere squilibri socioeconomici. Ciò potrebbe rifletttersi non solo tra i lavoratori e i datori di lavoro ma anche tra le diverse regioni e nazioni. Garantire che l'IA sia utilizzata in modo equo e che i suoi benefici siano distribuiti in modo equilibrato diventa cruciale.

Mentre l'IA può portare a una maggiore efficienza e produttività, è essenziale considerare il suo impatto sulla qualità della vita. La possibilità che l'IA prenda il posto di funzioni umane potrebbe ridurre lo stress e il carico di lavoro, consentendo alle persone di concentrarsi su compiti più gratificanti e creativi.

Tuttavia, l'adattamento a questi cambiamenti potrebbe anche portare a sentimenti di insicurezza o alienazione.

Man mano che l'IA trasforma l'economia e il lavoro, potrebbe emergere la necessità di rivedere e riformulare il nostro "contratto sociale". Ciò potrebbe includere l'implementazione di politiche come il reddito di base universale, programmi di formazione e riconversione professionale, e altre misure di supporto per aiutare le persone ad adattarsi alla nuova realtà economica.

Mentre navighiamo attraverso le acque inesplorate dell'era dell'IA, è vitale adottare una prospettiva olistica, che tenga conto sia delle potenzialità che delle sfide. L'intelligenza artificiale, se indirizzata con cura e consapevolezza, può offrire un futuro prospero e inclusivo. Ma ciò richiede uno sforzo collettivo da parte di governi, imprese e individui per garantire che l'evoluzione sia guidata da valori di equità, solidarietà e rispetto per la dignità umana.

Capitolo 10.4

"La sinergia tra l'intelligenza artificiale e l'intelligenza umana"

La conversazione sull'intelligenza artificiale spesso si concentra su come essa potrebbe soppiantare l'intelligenza umana o svolgere compiti precedentemente riservati agli esseri umani. Tuttavia, è fondamentale comprendere che la vera forza risiede nella combinazione di queste due forme di intelligenza. La sinergia tra l'intelligenza artificiale e quella umana ha il potenziale di portare rivoluzioni senza precedenti in vari settori.

Gli esseri umani sono dotati di empatia, creatività, intuizione e capacità di relazione interpersonale. Al contrario, l'IA eccelle nell'analisi di enormi quantità di dati, nel riconoscimento di schemi e nella realizzazione di compiti ripetitivi ad alta velocità. Quando queste forze si uniscono, possiamo ottenere soluzioni innovative che superano le limitazioni sia dell'IA che dell'intelligenza umana.

Nel campo della medicina, ad esempio, l'IA può analizzare rapidamente immagini mediche per identificare possibili problemi. Ma è il medico, con la sua esperienza clinica e la sua capacità di comprensione del paziente come individuo, che prende decisioni informate basate su tali analisi.

Nell'arte e nel design, l'IA può generare nuovi modelli o stili basati sull'analisi di opere esistenti, ma è la sensibilità artistica dell'essere umano che dà vita a opere che risuonano veramente con l'animo umano.

Uno degli aspetti più promettenti della sinergia tra IA e intelligenza umana è l'apprendimento collaborativo. Gli strumenti basati sull'IA possono personalizzare l'esperienza di apprendimento per gli studenti, identificando le aree in cui hanno difficoltà e adattando il materiale di studio di conseguenza. Gli insegnanti, con la loro capacità di comprensione emotiva e relazione con gli studenti, possono quindi intervenire in modo mirato, rendendo l'istruzione più efficace ed efficiente.

Mentre l'IA può portare a una maggiore efficienza in molte aree, la collaborazione con l'intelligenza umana può assicurare che questa efficienza abbia un significato. In un'azienda, ad esempio, l'IA può prevedere quali prodotti saranno popolari o come ottimizzare le operazioni. Tuttavia, sono i leader e i dipendenti dell'azienda, con la loro comprensione delle relazioni umane e della cultura organizzativa, che possono utilizzare queste informazioni per costruire un'organizzazione resiliente e centrata sulle persone.

Guardando al futuro, è essenziale considerare come possiamo progettare sistemi di IA che siano veramente complementari all'intelligenza umana. Questo richiederà un approccio olistico che integri la tecnologia con la psicologia, la sociologia e altre discipline umanistiche.

Invece di vedere l'IA e l'intelligenza umana in termini di concorrenza, dovremmo lavorare per costruire una nuova alleanza tra queste due forme di intelligenza. Le opportunità sono infinite: dai miglioramenti nel settore sanitario alla creazione di opere d'arte rivoluzionarie. Con una visione collaborativa, possiamo navigare nel futuro con fiducia, sapendo che la sinergia tra l'intelligenza artificiale e quella umana illuminerà la strada.

Capitolo 10.5

"Le sfide etiche dell'Intelligenza Artificiale"

L'avvento dell'Intelligenza Artificiale ha portato con sé promesse e opportunità rivoluzionarie, ma non è esente da complesse questioni etiche. Mentre ci affacciamo a un futuro in cui l'IA avrà un ruolo predominante in quasi ogni aspetto della società, è fondamentale affrontare queste sfide per garantire che le tecnologie emergenti siano utilizzate in modo responsabile e benefico.

Una delle principali preoccupazioni riguarda la crescente autonomia delle macchine e chi dovrebbe essere ritenuto responsabile delle loro azioni. Ad esempio, in caso di incidente con una macchina autonoma, chi è da biasimare? Il produttore, il programmatore, l'utente o la macchina stessa? La delineazione della responsabilità diventa sfocata man mano che le macchine acquisiscono maggiore indipendenza decisionale.

Le tecnologie basate sull'IA sono spesso tanto imparziali quanto i dati su cui sono addestrate. Se questi dati riflettono pregiudizi o disparità presenti nella società, l'IA potrebbe perpetuarli o, peggio, amplificarli.

Garantire equità e imparzialità nelle decisioni dell'IA, specialmente in contesti critici come la giustizia o l'assistenza sanitaria, è cruciale.

Con l'IA che può analizzare enormi quantità di dati e riconoscere modelli sottili, la privacy diventa una crescente preoccupazione. Mentre tali capacità possono essere utilizzate per personalizzare esperienze o migliorare servizi, c'è anche il rischio che possano essere utilizzate per sorvegliare e monitorare individui a un livello senza precedenti, minando la privacy e la libertà individuale.

Mentre l'IA può portare a maggiore efficienza e produttività, può anche rendere obsoleti alcuni lavori. Questo pone la questione di come la società dovrebbe affrontare la disoccupazione o il riaddestramento di coloro che sono stati sostituiti dalla tecnologia. Non è solo una questione economica, ma anche di dignità e identità personale.

Man mano che le macchine diventano più avanzate e in grado di interagire in modi sempre più umani, sorge la domanda su come ciò potrebbe influenzare le relazioni umane. Potrebbe esistere il rischio di preferire interazioni con macchine piuttosto che con esseri umani reali, o di attribuire emozioni e sentimenti a entità che non ne possiedono.

Affrontare queste sfide richiede non solo soluzioni tecniche, ma anche una profonda comprensione etica. L'educazione gioca un ruolo fondamentale in questo contesto. È necessario istruire le nuove generazioni non solo su come funzionano queste tecnologie, ma anche sui dilemmi morali e sociali che presentano. Gli ingegneri, gli sviluppatori e gli altri professionisti del settore devono essere equipaggiati con una solida base etica per guidare le loro decisioni.

Nonostante le sfide, le opportunità offerte dall'IA sono immense. Tuttavia, per realizzare appieno queste opportunità, è essenziale affrontare in modo proattivo le questioni etiche. Questo richiede un approccio multidisciplinare, che unisca competenze tecniche, filosofiche, sociali e umanistiche. Solo attraverso una collaborazione attenta e considerata, possiamo sperare di navigare nel futuro dell'IA in modo che porti beneficio a tutti.

Conclusione

L'evoluzione dell'Intelligenza Artificiale rappresenta uno dei progressi tecnologici più straordinari e trasformativi del nostro tempo. Questa tecnologia, che un tempo era confinata nelle pagine dei romanzi di fantascienza, ora permea ogni aspetto della nostra vita quotidiana, dalle applicazioni per smartphone ai sistemi di guida autonoma, dalla medicina predittiva all'automazione industriale. Tuttavia, come ogni potente strumento, l'IA porta con sé una serie di sfide che necessitano di riflessione e azione.

Nell'adottare l'IA in vari settori, abbiamo visto come sia essenziale considerare il suo impatto su temi quali l'ambiente, la società, la cultura, l'economia e l'etica. Il rapido sviluppo di sistemi autonomi, le crescenti capacità di elaborazione dei dati e la sempre maggiore integrazione delle macchine nella nostra vita quotidiana sollevano questioni fondamentali sul tipo di mondo che stiamo costruendo e su come vogliamo vivere.

Dall'analisi dei dati alla protezione della privacy, dalle sfide della mobilità autonoma alle implicazioni etiche dell'IA, è evidente che la società deve affrontare una profonda trasformazione. Per quanto l'IA possa promettere efficienza, convenienza e persino nuovi modi di interagire e percepire il mondo, non possiamo ignorare le sue potenziali ripercussioni su lavoro, identità, relazioni umane e dignità.

È imperativo che, mentre ci muoviamo verso un futuro sempre più dipendente dalla tecnologia, non perdiamo di vista l'importanza dell'umanità. L'IA dovrebbe servire come un'estensione e un amplificatore delle capacità umane, non come un sostituto. Gli esseri umani hanno una profondità di emozioni, esperienze e intuizioni che una macchina, per quanto avanzata, non può replicare. La nostra sfida è quella di garantire che l'IA sia utilizzata in modo che arricchisca la condizione umana, piuttosto che diminuirla.

L'educazione e la formazione giocano un ruolo cruciale in questo contesto. Dobbiamo preparare le nuove generazioni non solo a comprendere e utilizzare l'IA, ma anche a riflettere criticamente sul suo impatto e sulle responsabilità che comporta. Questo significa incoraggiare un pensiero multidisciplinare, dove la tecnologia si fonde con le arti, la filosofia, le scienze sociali e altre discipline per fornire una visione olistica del nostro futuro.

Infine, mentre ci immergiamo in questa nuova era dell'IA, dobbiamo anche coltivare un senso di umiltà. Nonostante le incredibili realizzazioni e le potenzialità dell'IA, ci sono ancora molti misteri e sfide inesplorati che ci attendono. La nostra capacità di navigare in questo paesaggio in evoluzione dipenderà dalla nostra volontà di apprendere, adattarci e collaborare.

In sintesi, l'Intelligenza Artificiale ha aperto le porte a un orizzonte di possibilità senza precedenti. Tuttavia, è solo con una considerazione attenta, una pianificazione responsabile e un impegno condiviso verso un futuro equo e sostenibile che potremo assicurarci che questi avanzamenti tecnologici portino benefici duraturi all'umanità nel suo insieme.

Se pensi che questo libro ti sia piaciuto e ti abbia aiutato ti chiedo solo di dedicare pochi secondi a lasciare una breve recensione su Amazon!

Grazie!

Riccardo Belmonte